唤醒潜意识的经济本能，
揭秘你身边的经济现象。

火星人经济学

HUOXINGREN JINGJIXUE

徐宪江◎著

像火星人一样**思考** 比地球人更懂得**行动**

重庆出版集团 重庆出版社

图书在版编目（CIP）数据

火星人经济学 / 徐宪江著. —重庆：重庆出版社，2010.4

ISBN 978-7-229-01880-1

Ⅰ.①火… Ⅱ.①徐… Ⅲ.①经济学—通俗读物 Ⅳ.①F0-49

中国版本图书馆CIP数据核字（2010）第031719号

火星人经济学
HUOXINGREN JINGJIXUE

徐宪江 著

出 版 人：罗小卫
策　　划：博中阳
责任编辑：陶志宏　袁　宁
责任校对：姜　玥
特约编辑：成明瑶
封面设计：天之赋设计室

重庆出版集团
重庆出版社 出版

重庆长江二路205号　邮政编码：400016　http://www.cqph.com
三河市祥达印装厂印刷
重庆出版集团图书发行有限公司发行
E-MAIL:fxchu@cqph.com　邮购电话：023-68809452
全国新华书店经销

开本：690mm×980mm　1/16　印张：13.25　字数：176千字
2010年4月第1版　　2010年4月第1次印刷
ISBN 978-7-229-01880-1
定价：26.80元

如有印装质量问题，请向本集团图书发行有限公司调换：023-68809955

前　言

不知道从什么时候起，人们对经济学家开始变得不再尊敬，而是代之以嘲笑。关于经济学家的笑话随处可见。有人说，只要教会一只鹦鹉说"供给与需求"，它也能成为经济学家。还有人则讽刺说"经济学就是一门把简单的道理弄得很复杂，再运用诸多复杂名词与符号将其解释明白的学问"。

在许多人看来，经济学家说的话不仅是听不懂，而且是在"信口开河"。也有人戏称经济学家是火星人，说的是火星话，写的是火星文。这也难怪，因为中国的一些经济学家的确说了一些胡说八道的话，比如有经济学家说"官员索取剩余有利于降低监督成本，调动官员的积极性。私人产品腐败的存在，对社会、经济发展来说即使不是最好的，也是次优的"；而另有经济学家说"中国的贫富差距还不够大，只有拉大差距，社会才能进步，和谐社会才能有希望。中国穷人为什么穷，因为他们都有仇富心理。我要为富人说话，不是为了讨好富人。今天有些人骂富人，好像是给穷人出气，其实他们是害了穷人。杀富济不了贫，穷人应该将富人看成自己的大哥，大哥穿新衣小弟穿旧衣，天经地义"。

这些话也许有一定的经济学道理，但是他们不做解释就说出这样的话来，确实是让不懂经济学的公众难以接受，至少从道德层面上来说，这些观点是难以令人信服的。而好不容易有几个敢于说真话的经济学家了，可是又遭到许多人的谩骂。这就使得普通人根本不知道谁对谁错，不知道听哪个经济学家的话。

经济学本来是一门只有少量知识却对人们的生活大有帮助的学科。随着经济的不断进步，经济知识越来越重要，经济学已经成为21世纪人们必须要懂得的一门学问。虽然每一本经济学教材都希望人们能够像经济学家一样去思考。但是一些中国经济学家的理论使人们产生怀疑，让人们不敢，也不能像一些国内经济学家那样去思考。因此，想要掌握经济学，想要在自己生活的各个方面运用经济学知识来解决问题的人，就得不受任何人的影响，也不要受个人主观意愿与先入为主思维的影响，像一个从火星来到地球的人那样去运用经济学基本原理来分析问题，来达到自己的目的。

本书正是从这个目的出发，让读者首先把自己想象成一个从火星来到地球的人，对地球上纷乱复杂的事情一无所知，又充满兴趣，然后从客观的角度出发，运用经济学知识去分析生活中遇到的形形色色的事情，比如"为什么电影《赤壁》中有日本影星中村童狮出演角色"，比如"星巴克咖啡连锁是怎么成功做大做强的"，比如"为什么情感世界中会出现'七年之痒'"，再比如"为什么人们如此关注李开复的职业变动"，还有"美国轮胎特保案对本国人民的利益有益还是有害"等等。通过对这些事件的经济学理解与思考，我们不仅能够更深刻地理解世界、认识自己、把握生活，而且能够灵活地运用到自己的日常生活中来，使自己的人生更加精彩，像火星人一样思考，比地球人更好地去行动。

目录
CONTENTS

消费篇
XIAOFEIPIAN

1

为什么人在陌生的城市更愿意吃肯德基或者麦当劳

当一个人到了一个自己完全陌生，也没有熟悉的亲朋好友陪伴的城市里旅行或者出差，下了火车或者飞机想要吃饭的时候，为什么通常会选择去肯德基、麦当劳、星巴克这样的知名连锁店里就餐，而不是去看起来更经济实惠一些的小吃店呢？

经常出行的人都有这样一个体验：当一个人在一个自己完全陌生，也没有熟悉的亲朋好友陪伴的城市里旅行或者出差时，下了火车或者飞机想要吃饭的时候，往往会选择去肯德基或者麦当劳这样的连锁店里就餐。其实人人都知道的一个事实是，肯德基或者麦当劳等这些知名的快餐连锁店里的食品、饮料价格水平相对来说是很高的。花同样的价钱，如果去其他的地方就餐，能够得到更多的食物、饮料，能够获得更好的服务。我们都知道，人们的经济行为都有一个相同的目的，那就是使自己的利益能够达到最大化。可是人们为什么会在这种情况下做出有悖这一常理的事，去选择在又贵又费钱的快餐连锁店就餐而不是去寻找那些"多、快、好、省"的小吃店呢？

其实，人们的这一选择正是为了使自己的利益达到最大化。因为人们的饮食消费首先要满足三个基本的条件：健康、安全、卫生。每个人在自己生活的地方都能找到一个或者几个能够给自己提供满足这三个基本条件的餐馆，而且这样的餐馆通常情况下还能满足消费者的另一要求——实惠。而在一个"举目无亲"，又从未踏足过的城市里，想要寻找一个这样的地方，不能说是不可能的，但是几率一定是很低的。所以，人们往往会选择去自己熟悉的快餐连锁店就餐。从经济学上解释，之所以出现这种现象，是因为"信息不对称"造成的。

所谓"信息不对称"，是指在经济活动中，尤其是在人们的交易活动中，由于一方对所交易的商品或劳务信息不能完全掌握，所以就不敢交易，或者取消交易的行为。对于一个在陌生城市中就餐的人来说，他对自己所接触到的城市餐饮情况没有任何了解。而肯德基和麦当劳无论在哪个城市，甚至哪个国家所提供的食品与服务都是相同的，基本上能够满足人们的三个饮食条件。从这一方面来说，人们对其信息的了解是足够对称的，所以就会更愿意去肯德基或者麦当劳就餐。而这些快餐连锁店也正是因为无论何时何地都能提供这样的服务而价格相对昂贵。

其实在我们的消费活动中，很多情况下都受到了"信息不对称"的影响。信息经济学已经成为经济学中的一门重要学科。最好的阐述"信息不对称"如何影响人们消费的例子是二手车市场。

在二手车市场上，几乎所有的车都被刷了一层新油漆。但是谁都知道，这些二手车中，有的几乎是全新的车，而有的则几乎是将要报废的。但是作为一个普通的买家，根本不可能分辨出众多二手车中哪一辆是几乎全新的，哪一辆是几乎报废的。而卖家则对这些信息了如指掌。事实上，卖家将所有的车都刷上一层新油漆也许正是使坏车看起来稍好一些，好车则会更好看一些，希望能够卖一个更高的价钱。然而，买家根本不可能掌握卖家所掌握的关于二手汽车的信息，也就是说交易双方产生了信息不对称。因此，拥有充分信息的卖家可以利用买家对信息的缺乏而损害其利益以达到自己的利益最大化。但是买家因为不知道二手车的好坏之分，所以就理所当然地压低二手车的价格，把所有的车都当成是坏车。即便几乎全新的车，买家也会因为信息的不充分而认为是坏车，也就不会给出自己原本愿意支付的价格。而卖家也会对此作出反应，因为好的二手车跟坏的二手车

价格差不多，所以他们就不愿意将好车拿来卖，而是只卖破烂不堪的二手车。卖家的这种选择在经济学上被称为"逆向选择"。

按照这一情况来看，二手车市场将不会有太多的人光顾。卖家卖的车全是坏车，价格很低，赚不到利润，就不愿意进入市场；而买家本来到二手车市场的目的就是要少花一些钱买到性价比比较高的车，如果买家知道自己在二手车市场上，无论花多少钱也只能买到坏车，当然也就不愿意去二手车市场交易。

事实上，二手车市场却非常火暴，交易量非常大。经济学家乔治·阿克洛夫在一篇名为《"次品"市场：质量不确定性与市场机制》的论文中提出了解决二手车市场上信息不对称而引起的不合意问题的方法。他提出，在这种质量不确定的市场中，要进行正常的交易，就需要引入一种机制，使交易双方都能达到自己的利益最大化，以确保市场的正常运行。这种机制所要做的就是平衡市场交易所需要的信息。也就是说，机制需要把卖家所掌握的信息传递给买家，使双方的信息达到对称，这时交易就能正常运行了。二手车市场是由中间商对二手车进行鉴定，然后对各种质量不同的二手车作出评价，如实提供关于二手车的质量及新旧程度的信息。中间商作为汽车检验专家能对二手车作出正确的鉴定，这就获得了卖家的信息。而同时，卖家为了将车以更好的价格卖出去，也愿意将车的相关信息披露给中间商。通过中间商的信息传达，交易双方的信息达到了对称，也就会进行交易，市场也就能够运作起来。当然，中间商也自然会从中获得一定的费用，以作为其使市场运行的报酬。

由此我们可以看到，在许多情况下，人们都是通过中间商来进行交易的。就拿本文所提出的问题来说，如果在陌生的城市里自己有亲朋好友，那么多半不会去快餐连锁店就餐，而是去他拥有"对称信息"的能够满足"健康、安全、卫生"外加"实惠"这几个要求的地方。这种"中间机制"在互联网时代越来越重要。现在人们开始选择网上购物，而在双方不见面的情况下，信息成为一个必然需要解决的问题。买者希望得到称心如意的商品，卖者希望能够将钱拿到手。但是互联网时代的网上购物又不可能会实现当面交易的一手交钱一手交货的交易模式，于是就只能求助于中间商。双方都要通过中间商来达到信息对称，而中间商则靠从中抽取佣金来获利。异地交易因为缺乏信任体制很容易产生买者付了钱却没有得到商品，或者得到的是质量低下的商品，也可能会产生卖家给了商品却没有得到钱的现象。但是有了中间商的机制就完全可以解决这一类问题。因为中间商不是只操作一次双方的交易，所以必然需要树立信誉，对双方都守信，才能满足双方的要求，使交易正常进行，或者在发现一方没能履行交易职责时终止交易。比如目前国内有名的网上中间商网站——支付宝。它所采用的交易方式是：

买家需要注册一个支付宝账户，利用开通的网上银行给支付宝账户充值，然后用支付宝账户在网站上购物并使用网上支付，货款会先付款给支付宝，支付宝公司在收到支付的信息后通知卖家给买家发货，买家收到商品后向支付宝确认付款，支付宝公司收到买家确认收货并满意的信息后，最终给卖家付款。

通过这种机制，交易双方都能够达到信息的对称，从而确保交易的进行。可见，在一个陌生的城市里，去肯德基或者麦当劳就餐往往是因为信息不对称而不得不作出的选择。这种选择也可以说是不得已而为之的。

2

为什么畅销书作家的新作先出精装本，再出平装本

对于一个畅销书作家来说，一定会有许多拥趸，不管他写的是什么都会买，都会有支持到底的铁杆粉丝。对于这些铁杆粉丝来说，他们所要买

的不仅仅是一本书，还有自己对作家的支持与感情，附加了许多其他的价值。所以，虽然精装本并不会产生太好的阅读快感而且价格过高，他们也会去抢着购买。但是出版商为什么在出了精装本之后又要出版价格低很多的平装本呢？

如上文所述，我们走进麦当劳就餐时，无论男女老少、贫富贵贱，所有的食物与饮料价格是等同的。麦当劳绝对不会把人分为"三六九等"，然后据此将同样的商品以不同的价格出售，因为这样做它必然会失去一些客户。倘若肯德基实行等价销售，那么麦当劳的许多市场份额就会转向肯德基。

因为这些快餐连锁店处于完全竞争的市场，人们寻找它们的代替品是一件十分容易的事。所以，它们的价格主要是由市场决定的，也就不敢对不同的人收取不同的价格。而有些企业却努力以不同的价格将同一种物品卖给不同的顾客，即便这些商品的生产成本是相同的。在经济学上，这种经济行为就叫做价格歧视。

比如我们去电影院看电影时，会发现电影票通常会分为儿童票和成人票。儿童票票价一般是成人票的一半，而且日场的票价要远远低于夜场。电影院为什么会这样做呢？因为电影院提供的服务是一种特殊的服务，从某种意义上说是一种垄断性服务，所以它会采取价格歧视的行为，通过对不同的观众收取不同的票价而获得最大化的经济利益。同一部电影的日场票价一般比夜场便宜，是因为白天有空看电影的人总比晚上少。票价分为儿童票与成人票是因为儿童对电影票的支付意愿低。如果成人与儿童票价一样，那么电影院就会少赚一些钱。而电影票又是一种特殊商品，它不像图书一样，一个人看完了可以借给他人看，电影票用过了就失去价值了，无法随意转售。并且成人与儿童十分容易分辨，不可能出现成人用儿童票的情况。此外电影院提供的服务是一种不可替代的服务。因为《窃听风云》再精彩也不可能代替《天水围的日与夜》，反之亦然。再者，一个儿童看了电影，也不可能把自己的体验转卖给成年人。

电影院并不是很多，没有形成完全竞争市场，而一部电影不可能取代另一部电影，一个人看了电影不可能将观影感受传达给另一个人，而且电影的时效性也极强，一部电影上映几天之后，很快就会被其他的电影"赶下架"，所以这就会形成一种垄断市场，也就会促使经营者为了获得更多的利润而对日场与夜场、儿童与成人收取不同的票价。

实际上，类似的情况也是很常见的。比如在美国，一个畅销书作家如果出了新书，那么首先面市的将是精装本，而在一段时间之后再出平装本。出版公司这样做的原因也是基于价格歧视的经济学原理。因为书从某种意义上来说不是一种垄断性的产品，至少很难有一本书可以完全取代别的书，即便这本书再好。而对于一个畅销书作家来说，他已经有一定的知名度，一定会有许多人成为其拥趸，就像郭敬明一样有众多不管他写的是什么都会买、不管他是不是抄袭都会支持到底的铁杆粉丝一样。对于这些铁杆粉丝来说，他们所要买的不仅仅是一本书，还有自己对作家的支持与感情，附加了许多其他的价值。所以，虽然精装本并不会产生太好的阅读快感而且价格过高，但是他们也一定会去抢着购买，唯恐"时不我待"。出版商正是谙熟这一群读者的心理，所以先出精装本图书，从其"粉丝"中赚取到这一部分精装书的高额利润。

那么出版商为什么在此之后又要出版平装本呢？这是出版商为了将自己的利益达到最大化而争取其他读者的举动。因为对于一本畅销书来说，并不是所有的人都像作者的粉丝一样去买精装版。有些喜欢读书的人也许想看这样一部畅销书，但愿望并不是很强烈。这些读者理性地进行了经济利益的思考之后，可能就认为花钱去买一本精装本的畅销书并不值得。所以，他们会选择不买。而出版商对这部分潜在读者的心理也很了解，为了将这部分读者变成买者，赚取利润，他们就会出版平装本的书。众所周知，基于成本的原因，平装本的价格要比精装本便宜很多，这些潜在的读者就会愿意花钱去购买。这也是价格歧视的一个鲜明的例子。

关于价格歧视的商业行为非常多，美国经济学家哈尔·瓦里安对纽约百老汇的票价价格歧视进行了分析，写了一篇名为《百老汇演出票价的变化》的文章：

在纽约，每天晚上约有2.5万人去看百老汇演出，票价也就跟着一路飙升。自1998年以来票价上升了31%，但是实际价格却只上升了24%。这种差别是折扣的结果。懂行的百老汇戏迷们知道，甚至最受欢迎的演出也有折扣，最常见的折扣方式有优惠券、买一送一、学生的优惠价格，还有由时代广场上的TKTS售票处提供的种种优惠。

为什么有这么多折扣？因为戏院座位的价值是极容易消失的。一旦演出开始，剩下的座位就一文不值。因此，卖者就会采取各种策略努力确保把座位卖给那些支付意愿最大的人。

斯坦福大学的经济学家菲利普·莱斯利在他发表于《兰德经济学杂志》2004年秋季号上的文章《百老汇剧院的价格歧视》中研究了这种现象。莱斯利先生收集了1996年百老汇演出《七个吉他手》时的详细数据。观看此剧的人有14万以上，他们买的票有17种价格。一些票价的差别是由于座位的质量——楼下的座位、两层中的包厢、楼上的包厢等，而另一些票价差别是由于各种形式的折扣。

座位质量不同和折扣的结合引起了大幅度的票价差别。随机所选的某一个晚上的两张票票价的平均差别约为平均票价的40%。

在199场演出中门票的促销方式也不同。演出初期采用的是有目标客户直接邮寄，而在演出场次过半之后，开始买一送一。供时代广场TKTS售票处销售的一般是剧场主厅的票，在这里可以买到最好的一类座位的票。但TKTS的折扣票往往是主厅中较差的座位票，它们以固定的50%折扣出售，但只在演出的当天出售。

根据百老汇制片人 1991 年进行的调查，约有 10% 的观众家庭收入为 2.5 万美元或 3.5 万美元，也有同样数量的观众家庭收入在 15 万美元以上（按 1990 年美元计算）。百老汇演出制片人通过价格和折扣政策，尽量用多种价格让人们根据对票价的支付意愿将自己进行归类。高收入阶层的人不在乎支付全价，但是许多学生、待业演员和旅游者都通过 TKTS 购买各种折扣票。

所以，不论是电影票价的不同，精装书与平装书的差别，还是百老汇票价的不一，都是商品与劳务的出售者在不完全竞争市场中，根据不同的消费人群而制定的不同价格，是一种为了使自己的利益达到最大化的经济行为。

3

沃尔玛为什么能够天天平价销售

沃尔玛所宣传的经营理念是"天天平价，始终如一"，这家超市经常 5 元钱进货的商品 3 元钱卖，却能保持赢利，做成全球超市中的巨头。怎么会有这样的事情呢？

经济学认为，任何商业活动都需要一定的成本，任何商业活动的开展都为了获得一定的经济收益。在经济行为中，没有慈善家的存在，人人都是为了自己的利益最大化而活动。所以说，每一个商家为了达到自己的利益最大化，不仅要大力拓展市场，增加销量，还要注意进行成本控制。

所谓成本控制就是指：企业根据一定时期预先建立的成本管理目标，由成本控制主体，在其职权范围内，在生产耗费发生以前和成本控制过程中，对各种影响成本的因素和条件采取的一系列预防和调节措施，以保证成本管理目标实现的管理行为。它是以成本作为控制的手段，通过制定成本总水平指标值、可比产品成本降低率以及成本中心控制成本的责任等，达到对经济活动实施有效控制的目的的一系列管理活动与过程。事实上，很多企业就是因为没有控制好成本，盲目地扩大规模，结果导致资不抵债，最后以破产告终。

由此，我们可以得出一个结论：如果一家商场天天在打折，并宣扬"天天平价"，那么它的成本控制一定是失败的，因为这家商家所卖的商品一直比其他商家便宜，甚至低于其成本价，必定会亏本。但是我们却知道，在众多知名的连锁超市中，沃尔玛的价格是非常低廉的，并且一直宣扬"天天平价，始终如一"的经营理念，但是它却是全球最大的超市连锁机构。沃尔玛经常5元钱进货的商品3元钱卖，如此看来它的成本控制好像是失败的，但是它却是最赢利的超市。"天天平价，始终如一"不仅没有使其倒闭，反而是沃尔玛驰骋全球零售业的营销策略，也是沃尔玛成功经营的核心法宝，这又是为什么呢？

实际上，细心的人会发现沃尔玛的"天天平价"并不是对全场所有的商品打折。沃尔玛里只有部分商品在打折；不仅是部分打折，而且是轮流打折——今天是日用品打折，明天是调料打折；本周是烟酒打折，下周是食品打折。而其他商品的价格与别的超市的价格则没有区别。这才是沃尔玛"天天平价，始终如一"的真实状况。

人们也会产生一个疑问，沃尔玛的商品有的打折，有的不打折。如果"5元钱进货3元出售"是真的，那么岂不是更赔？事实上，并不是如此，沃尔玛商场打折是为了吸引人，而并不是为了促销。如果有人知道沃尔玛打折商品又有购买意愿，显然愿意前去购物。但是去超市是要花费时间的。

既然花时间去了，理性的选择不可能只购买打折商品，一般总是要购买一些别的商品，况且其他商品也不比别的超市贵。而那些不知道打折商品的人在去沃尔玛购物时，虽然不知道具体打折的是哪些商品，但既然有打折商品，而别的商品又不比别处的超市贵，也会奔着沃尔玛去。因此商品的销售量就提高了，销量提高了，那些打折商品所亏的本钱，也会从其他商品中收回，这样一来，总利润当然不减反增。而为吸引那部分即使知道打折也不购买打折商品的消费者，最大限度地增加销售量，沃尔玛便轮流打折，让消费者知道打折，但是又不让他们知道哪些商品打折，借此将他们吸引过来。

沃尔玛就是这样经营的，也是这样成功的，而其他一些商场的打折活动也是向它学习的，这就是为什么我们总是看到大商场一直在打折，但是却一直很红火的真正原因。

"天天平价"是要以低廉的成本和优质的服务来支撑的。不能最大限度地降低成本，是经不起"天天平价"考验的，而提供优质的服务本质上也是降低成本的一种。沃尔玛正是通过如下一些措施来降低成本和提高服务的：

一、实施仓储式经营管理。沃尔玛商店装修简洁，商品多采用大包装，同时店址绝不会选在租金昂贵的商业繁华地带。

二、与供应商密切合作。通过电脑联网，实现信息共享，供应商可以在第一时间了解沃尔玛的销售和存货情况，及时安排生产和运输。

三、以强大的配送中心和通讯设备作技术支撑。沃尔玛有全美最大的私人卫星通信系统和最大的私人运输车队，所有分店的电脑都与总部相连，一般分店发出的订单28小时之内就可以收到配发中心送来的商品。

四、严格控制管理费用。沃尔玛对行政费用的控制十分严格，如规定采购费不得超过采购金额的1%，公司整个管理费为销售额的2%，而行业平均水平为5%。减少广告费用。沃尔玛认为保持天天平价就是最好的广

告，因此不做太多的促销广告，而将省下来的广告费用用来推出更低价的商品回报顾客。

五、提供高品质的服务。"保证满意"是沃尔玛商店中悬挂最多的标语之一，这是沃尔玛对顾客作出的承诺。沃尔玛努力做到提供廉价商品的同时，让顾客享受到超值服务。

当然，"天天平价"还要以产品的极端丰富和多样性为前提，还要以"非熟人社会"的存在为前提。只有这样，才可以很好地轮流打折，才可以做到让一部分人知道打折的具体商品，而一部分人不知道打折的具体商品。

只有那些大型连锁超市才能很好地做到这些。所以，我们发现大型连锁超市大都在不同程度上实行了"天天平价"的营销策略。因为这些超市有足够的经济实力来控制自己的成本，能够通过"天天平价"的策略扩大销售额度，使总销量大增，使自己的经济收益达到了最大化。因此，我们经常发现，很多人购物时，并不仅仅是购买了自己所必需的东西，而是额外地购买了一些也许并不需要，但是打折的东西，这就使得超市更有理由继续"天天平价"了。

4

为什么有人买价格很高的苹果电脑却基本不用

投资经纪人如果提着一台用了好几年，外壳磨损严重的笔记本电脑去跟投资者谈生意，成功的概率会有多少，而如果他用一台价钱很高的苹果笔记本电脑结果又会是怎样的呢？

Vertu 是诺基亚公司成立的全球第一家奢侈手机公司，以经营高档品牌的方式，制造了一种人人想要，但是很少有人买得起的手机品牌。世界著名的手机设计师 Frank Nuovo 为一群豪华之士设计的一系列 Vertu 手机，从外观、用料到功能都绝对称得上有王者风范，平均每款售价高达十几万元人民币。Vertu 自从 2004 年登陆新加坡后销量非常惊人，有不少内地的客人为了得到这样一部手机，特地跑到香港的旗舰店去购买。

Vertu 公司看到中国大陆人的强烈消费欲望之后，便投其所好，到内地设专卖店直接销售。据说 Vertu 手机在天津上市之后，一个商场两周内卖出了 20 多部。这不禁让人感叹：天津人真有钱！事实是这样吗？天津人都很有钱吗？或者买这种手机的人都是很有钱的人吗？好像并不是如此，大部分人买这种手机实际上是一种炫耀性消费。所谓炫耀性消费，指的是人们通过对物品的超出实用和生活所必需的浪费性、奢侈性，向他人炫耀和展示自己的金钱财力和社会地位，以及这种地位所带来的荣耀、声望和名誉。制度经济学家托尔斯坦·凡勃伦在《有闲阶级论》一书中创造了这个词并给出了简单明了的定义：炫耀性消费，表明在奢华而无用的产品和服务上花钱是"财富的证明"。

很多时候，我们买一样东西，看中的并不完全是它的使用价值，而是希望通过这样东西显示自己的财富、地位等等。所以，我们会发现，有些东西往往越贵越有人追捧，比如一辆高档轿车、一部昂贵的手机、一栋超高价的房子、一场高尔夫球、一顿天价年夜饭等等。这种商品统统被称为"凡勃伦物品"。经济学家们发现，凡勃伦物品包含两种效用，一种是实际使用效用，另外一种是炫耀性消费效用，而后者由价格决定，价格越高，炫耀性消费效用就越高，凡勃伦物品在市场上也就越受欢迎。按照凡勃伦物品定律，如果价格下跌，炫耀性消费的效用就降低了，这种物品的需求量就会减少。对于一位炫耀性消费者，如果附加在商品上的炫耀性消费效用已经没有了，只剩下实际使用效用，他就不会再去买这个商品了。正如

手机刚面市时，拥有一部手机被认为是有钱人的象征，而如今拥有手机不是有钱人的象征，只有拥有 Vertu 手机才是有钱的象征。再比如，在中国拥有一辆中档以上的汽车就可算是有钱人的象征，而在美国，汽车只是普通交通工具，只有拥有名牌跑车才是有钱的象征，才是炫耀性消费。

炫耀性消费效用有时也不仅仅是为了炫耀自己的财富，也是有着实际效用的。比如，当我们因为财产纠纷而要请一名律师的时候，事务所推荐了两名律师供我们选择。如果一位律师穿着普通的西装，开着一辆东风雪铁龙，而另一个律师则穿着名牌西装，开着一辆宝马，在二人要求的价格相当时，你会选择哪一位律师给自己辩护呢？很明显，我们会选择开宝马的律师。原因在于，律师在竞争性市场上的能力水平很可能和他的收入紧密挂钩，收入水平反过来又和消费水平成正比。虽然没有人能保证在消费方面支出更多的律师能力就更高，但是在条件一样的情况下，人们也必须根据概率论来作出选择，自然会选择"宝马律师"。其实这两个律师的水平也许差不多，但是因为我们对这两个人并不了解，所以只好从他们所给出的信息来进行选择，这也是因为信息不对称的原因。比如在好莱坞电影《一级重罪》中，摩根·弗里曼饰演的军事法庭律师查尔斯·格瑞姆是一个穷困潦倒、衣衫不整的酒鬼，住在贫民区的一所破旧的老房子里，事务所连个牌子也没有。但是克莱尔还是愿意找他与自己一起为丈夫辩护，因为她通过自己所在的事务所的老板了解到他是处理此类案件的高手。因为克莱尔充分了解到了自己需要的信息，才会作出与上述"宝马律师"不一样的选择。

但是，现在想成为一个炫耀性消费者已经越来越难。因为很多商品已经通过不同的方式使人花很少的钱便可拥有。比如，在以前的美国，人们可以由手提包来推测你的财产，因此曾有"手提包有多好，财产就有多少"的说法。可是现在很难通过手提包而成为一名"炫耀性消费者"，因为有公司为一些收入并不是很高的消费者提供名牌手提包租赁业务，这就使得那些以名牌手提包来显示自己是炫耀性消费者的人也成了普通人。而

在英国，有人开了 P1 国际 A 级会员俱乐部，入会费为 2 500 英镑（约 4 300 美元），另加每年 13 750 英镑的会员年费，便可获得每年 50 天~70 天的车辆驾驶时间，会员可以在路虎、奔驰或法拉利中任选一款。这就使得人们会问："我怎么判别那些开着法拉利跑车的是车主，还是仅仅只在周末将它租下的会员呢？"一家为奢华品行业提供市场趋势咨询的机构——莱德伯里研究所指出，在 21 世纪，"成为一名炫耀性消费者越来越难"。

以消费品作为能力信号其实有时候也是不适应的。比如就大学教授而言，因为其收入与学术能力并不存在太直接的联系，所以大多数教授并不会太去注意自己的衣着与汽车，也不会刻意进行炫耀性消费。而一位投资经纪人如果提着一台用了好几年，外壳磨损严重的笔记本电脑去跟投资者谈生意，大概成功的可能性很小。这就是有些人会买一台可能不怎么用，但是价钱却很高的苹果笔记本电脑的原因。

5

为什么微软打击盗版只不过是虚张声势

微软在中国大陆已经发起了数次盗版打击事件，但是每次都是"雷声大，雨点小"。2008 年 10 月 20 日，微软又宣布要打击中国大陆的盗版，但是很多人认为微软只不过是在吓唬人。为什么会这样呢？

众所周知，盗版的存在对社会产生了极大的危害，它既损害了正版商的利益，又不向政府纳税。所以，商家一直大力呼吁打击盗版，各国政府对盗版行为的打击也十分严厉。但是盗版行为却一直十分猖狂。目前，盗版行为最疯狂的是电脑软件，尤其是微软公司的 Windows 操作系统和 Office 软件更是被广泛盗版，在中国的用户中，使用盗版的比使用正版的还要多。因此微软公司针对中国的盗版猖狂行为开展了多次打击。

2008 年 10 月 20 日起，微软公司又发出了面向 Windows XP 专业版操作系统用户的正版增值计划通知和 Office 正版增值计划通知。这一通知旨在打击使用 Windows 盗版系统的中国用户。没有使用正版的用户，如果接受微软公司的增值计划，将会从 10 月 21 日起每小时被黑屏一次。微软公司的这一举措刚一公布，就遭到了网民强烈的反对。搜狐网站推出的一项调查显示，在超过 6 万接受调查的人中，就如何看待微软采取黑屏等措施警示盗版用户的行为，近七成网友表示正版价格实在太高。之后，微软的这种行为偃旗息鼓，从效果上看也根本没有起到打击盗版的作用。

很多人以为微软是在中国 PC 用户的抗议下屈服了，实际上，微软打击盗版的行为只不过是虚张声势。如果它真的要对盗版进行绝对的打击，只要修改数据库就可以做到，没必要采取这种"华而不实"的行为。微软公司为什么不打击盗版呢？难道它不知道盗版行为侵害了它的利益吗？其实真正的答案是，微软公司正是因为考虑到自己的利益才对盗版行为纵容的。

微软这样做是因为它从长远来考虑了自己的利益。因为盗版系统在损害了微软公司的利益的同时，给它带来的外部性却是正的。所谓外部性，是指商品的生产带来的额外社会收益或亏损，而生产者不能获得这些收益也不用承担这些亏损，前者叫正外部性，后者叫负外部性。外部性有可能使市场分析变得不正确，因为市场本身是无法感知外部性的，所以有时会造成市场失灵。而对失灵市场的分析不能真正反映社会总体的利益损失问题。如造纸业具有负外部性——对环境产生极大的污染；科研具有正外部性——其成果推动了社会生产力的发展，从而促进了整个社会的不断发展。

目前国内用户几乎都在使用微软的 Windows 操作系统，以及微软系统所绑定的 Office 等软件。这种现象正是盗版的"功劳"。倘若没有盗版微软系统，很多人便难以接受微软正版系统的超高垄断价格，微软公司也就难以在目前市场垄断的情况下攫取很多的垄断利润。假如微软严厉打击盗版，那么大多数电脑用户将因正版昂贵的价格而寻找替代品。这样一来，国内很多人就会发现操作系统是很有市场的。虽然当前操作系统的前期研发成本很高，但是有眼光的商家如果从长远来考虑，发现操作系统市场绝对很有利润可图，在这种利润的激励下，国人就会投入大量的人力、财力去研究操作系统。当然，没有一家可能立即研究出和 Windows 抗衡的产品，但是只要研发出来，投放到市场上的价格低一些，打价格战，就会慢慢地占去微软系统的很多市场，最终给微软造成威胁。

但是现在，市场上存在大量的微软盗版软件，买一张仅仅需要几元钱，而且可以多次使用。在这种情况下，人们就会觉得操作系统研发几乎无利可图，因为盗版 Windows 很好地替代了正版 Windows。于是，在这种负面激励之下，没有人会再尝试涉足这一市场了，因为在这里根本无利可图。假如现在没有盗版，Linux 虽然不是完全替代品，但是作为同类部分替代品的销量一定会大幅上升，因为很多人并不会愿意花很多的钱去买一张正版的 Windows 系统，这部分人就会转而选择虽然性能稍差，但是价格却极便宜的 Linux 等系统。但是现在由于盗版的存在，使得这些操作系统虽然存在，但是也完全没有竞争力。由此可见，在中国国内，不是微软打压着 Linux，而是盗版微软系统打压了 Linux，同时"打消"了国内研发自主操作系统的念头。因此，盗版在为消费者提供方便的同时，也当着"微软的帮凶"——虽然损失了它的大量利润，但是却帮它巩固了 Windows 的霸主地位，并打压其他操作系统和新操作系统的研发趋势。这就是盗版软件对微软产生的正外部性。

此外，我们都发现，现在去买一台电脑会发现硬盘上不仅装有最新版本的微软操作系统，还包括最新版本的文字处理、电子表格、幻灯片、电子邮件、音乐和照片软件，还有最新版本的病毒防护软件。为什么微软要免费附赠这么多软件呢？试想一下，如果科学家和历史学家合作开展一个项目，倘若他们都使用同一个文字处理程序，任务会简单得多。同样，如果企业主管跟会计使用同一套财务软件，那会计报税时就会简单很多。再比如说，微软的 Word 掌握起来有些麻烦，但是因为有了现成的、免费的，人们往往就会去使用，而不是购买或者下载其他的，当用熟了这套软件后，人们往往就不愿再去学别的同类软件。这就意味着，拥有并使用特定软件的好处，会随着使用者人数的增多而提高。这一不同寻常的关系，给最流行的程序厂商带来了难以估量的巨大优势，并使得新程序很难打入市场。而盗版系统则可以说是基于正版基础上的复制，正版系统里有的东西，盗版的也必然会有。这样就会使得这些软件也借此占据市场，从而也像微软一样达到某种程度上的垄断。而当人们用惯了这些软件之后，也会主动去购买捆绑了这些软件的微软系统。

通过以上分析，我们会明白，微软系统并不是因为在中国系统用户的抗议下而屈服，更可能的是基于其自身长远利益的考虑。微软的想法也许是等中国用户能够全面提高自己的经济基础与道德水准及法律意识后，慢慢地自觉去购买正版系统，或者是想在使自己完全占据市场之后，采取强制的手段来促使中国用户购买正版系统。至于它做哪一种选择，我们就不得而知了。

6

为什么电影《赤壁》中有日本影星中村童狮出演角色

中村童狮作为一个日本演员不懂汉语，长得也不算帅，演技也一般，在国际上也没什么名气，可是却被吴宇森请来出演《赤壁》，是因为吴宇

森喜欢日本演员，还是中国影迷喜欢这个普通日本影星？

有人觉得她的朋友唐某有点怪。她说，唐某赚钱也不算少，但是有一次他去买一张演唱会的票，300元都嫌贵，犹豫很久，最后却没有买，她认为此人十分抠门。但有一次，有一个著名企业总裁出版了一套"教导管理"光盘，6张光盘卖到1 500元天价，唐某却毫不犹豫将它们买了下来，她又觉得他过于大方。为何300块的演唱会门票都嫌贵的人，却毫不犹豫地花1 500元买几张光盘呢？她百思不得其解。

消费经济学认为，消费者对某种物品的需求是购买欲望和购买能力的统一。购买能力取决于收入、价格等因素。但是，在经济条件允许的时候，还是有许多商品不能卖出去。经济学家认为，这是因为消费者缺乏对这些产品的购买欲望。因为消费者一旦对某种产品有了强烈的购买欲望，他就会为实现这一愿望而多赚钱，这就提高了购买能力。或者他也可以通过超前消费的行为把未来的购买能力变为今天的购买能力。可见，在市场中，购买欲望是十分重要的。

对于每一个消费者来说，他的购买欲望则来自消费者偏好。所谓消费者偏好，指的是当一个消费者面对多种商品与劳务时，他会偏好于选择哪种的行为。消费者对某种物品的偏好越大，这种物品给他带来的效用就越大，他就越愿意购买，需求就越高。对于上文中的唐某来说，光盘的效用要远远大于听一场演唱会，因此他就偏好于花钱买光盘，而不是去听一场演唱会。而对于这个"有人"来说，她则认为听演唱会得到的效用比光盘带来的效用要多许多，所以她偏好于花钱买一张演唱会的票。

很多情况下，即使对同一商品进行消费，人们的偏好点也是不同的。以电影《东邪西毒·终极版》为例，有的人看这部电影是因为喜欢这种做作的小资情调或者伪文艺电影，有的人则只是因为喜欢导演王家卫的电影风格，有的人则因为是其中的影星梁朝伟、梁家辉、张国荣等人的影迷，

有的人则谁的影迷也不是，但是却是张国荣的歌迷。总之，虽然是同一部电影，但是对不同的消费者来说，却有着不同的个人消费者偏好。这些人的诉求点虽然不同，但是都促使他们来看这样一部电影。这也是为什么现在的一些大制作电影要请大牌明星，一些合拍片比如《赤壁》不仅请两岸三地的演员，甚至还请日本演员（如中村童狮）出演的原因。因为这样能够充分调动各地观众的消费者偏好，就能赚取更多的利润。事实证明，《赤壁》的口碑虽然很差，被影评人认为是吴宇森的退步之作，但是它的票房却达到2亿多美元。而在日本，由于有本土演员的出演，它的票房也明显高于中国以外的其他国家。

消费者偏好对人们的生活有着很大的影响。很多时候，明明自己很喜欢的东西，在别人眼里可能根本不值一提，甚至对方还会觉得很讨厌。一个美国电视广告节目中，一位中年男人对其新手机的样式与功能表示不满。这是他十几岁的女儿给他买的一款华而不实的手机。他女儿兴奋地跟他说："爸爸，您的手机棒极了，这是时下最流行的！"而他则看着那部有金属片的粉色手机露出很讨厌的表情。

实际上，消费者对于手机的偏好相差很大，而且深受年龄与收入情况的影响。这些消费者偏好正在成为试图进入手机市场的公司的首要考虑。手机生产商也发现了这些问题。iSuppli公司（一家全球领先的针对电子制造领域的市场研究公司）认为，能够成功掌握和利用消费者偏好的手机厂商与无线运营商，将最有可能在未来的手机市场中获得成功。

为了更清晰地描述用户偏好情况，iSuppli公司的消费者跟踪服务一直在做一项月度调查，从一个不断更新的由200多万美国居民组成的样本库中随机选出消费者进行调查。最近一次调查是在2009年2月进行的，结果显示了各类人群的手机偏好有明显差异。年龄不同的买家对手机的看法差异极大，不同人群在选购手机时对于手机的某些功能的重视程度不同。年轻的消费者更注重手机的拍照、播放器等多媒体功能以及外观样式，而年纪较大的消费者则主要考虑手机的基本通信等实用功能。精明的手机厂商正在了解这些偏好模式，并设计高度契合各种年龄段与不同需求的功能集和服务组合。另一个偏好差异比较明显的领域是使用情况。在说明语音通信以外的手机使用时间时，18岁以下的消费者称其把23%的时间用于短信。年纪较大的消费者花在短信上面的时间较少，18岁~34岁的消费者是21%，35岁~64岁的消费者是11%，而65岁以上的消费者只有1%。

许多手机生产商便是针对消费者的不同偏好，生产不同类型的手机，结果就拥有更多的市场份额，最终取得了更大的经济效益。而对于其他商品与劳务也是如此，因为个人偏好不同，所以愿意购买的商品也不同。而反过来也可以从经济学的角度来解释，为什么世界是如此的不同，为什么人们的生活是如此的丰富多彩。

7

为什么老虎·伍兹修剪草坪的技术很好
却还是雇佣别人来剪

老虎·伍兹修剪草坪又快又好，福瑞斯特·甘姆剪得也很好，但是却比老虎·伍兹慢两倍。从节约时间角度来看，老虎·伍兹应该自己修剪草坪，可老虎·伍兹却雇佣福瑞斯特·甘姆为他修剪草坪，为什么会这样呢？

"大学刚毕业，我到尼泊尔东部的一个叫撒尼索尔的小村庄当高中老师，教数学和科学。在那儿的两年期间，该国为数不多的几条公路正在修建，并打算贯穿撒尼索尔。首先是清除可通行的地段，铺设管道和桥梁，

之后，就要在地基上覆盖沙砾。这一工作仍然沿用着 19 世纪的工作方法。在炽热的艳阳下当地工人蹲在路边，用铁锤把大石头敲成碎石渣。一天 12 个小时，每名工人只能生产出一点儿沙砾，还不够铺满一步宽的路基。所幸参加修路的工人很多，最终，事情总算是完成了。

"在美国，我们不会雇人拿铁锤把石头敲成沙砾。我们用的是巨型机械，一分钟就能把几吨石头研磨成粉。当时，我以为两国存在这样的差异，原因一目了然：尼泊尔是一个非常贫穷的国家，买不起工业化国家使用的昂贵设备。可我现在意识到，这个解释是错的。因为即使尼泊尔的财政部有庞大的剩余收入，它仍然会使用人工生产沙砾。

这是美国康奈尔大学经济学教授罗伯特·弗兰克的一段回忆录。很多人都不明白，为什么尼泊尔政府不愿意购买机器设备。原因十分简单，正如罗伯特·弗兰克教授在回忆中给出的答案："因为当地的劳动力比资本设备便宜得多"。从经济学上来讲，这是绝对优势与比较优势的问题。

所谓绝对优势，简单地说是指用比另一个生产者更少的投入生产某种物品的能力。而比较优势则是指，一个生产者以低于另一个生产者的成本生产某种物品的行为。在罗伯特·弗兰克的回忆中，"某种物品"是指将石头弄成碎石渣。在这一生产活动中，巨型机械无疑占有绝对优势，它可以很快就能将石块弄成碎石渣，而用铁锤敲则需要投入大量的工人与大量的工作量。但是，从比较优势上来看，因为当地劳动力比资本设备便宜得多，所以，政府做这种选择所付出的成本也就少，而省出来的钱就可以用于其他的财政开支。所以，这不是发达与落后的问题，而是比较优势中的成本问题。

这一经济学原理往往能够解释许多我们所不能理解的，以为不太正常的事情。比如，老虎·伍兹是当代最天才的高尔夫球手之一，他可以以大多数非职业高尔夫球手可望而不可即的方式击球并将其打入洞内。极有可能的是，他在其他活动中也能做得非常好。比如，他极有可能比其他任何一个人都更快地修剪好自己的草坪。但是他能够迅速地修剪草坪，就应该自己动手修剪吗？

假如老虎·伍兹能用 2 个小时修剪完草坪，但是在这同样的 2 个小时中，他可以参加一次比赛，或者为阿迪达斯拍一支电视商业广告。无论他做哪一种工作，都能够得到大约 1 万美元的报酬。而与他相比，邻居的孩子福瑞斯特·甘姆用 4 个小时的时间能将老虎·伍兹家的草坪修剪完好。在这同样的 4 个小时中，他也可以到肯德基快餐店里去工作并赚到 20 美元的报酬。

老虎·伍兹如果真的要自己修剪草坪，那么他势必要放弃 1 万美元的收入。而福瑞斯特·甘姆虽然也会得不到给人修剪草坪的 20 美元报酬，但是他同样可以在肯德基中工作得到。老虎·伍兹在修剪草坪上有绝对优势，因为他仅用 2 个小时就可以完成，而福瑞斯特·甘姆则需要 4 个小时。但是阿甘在修剪草坪上有比较优势，因为他最多只不过是放弃在此处获得的 20 美元。由此可以推知，老虎·伍兹不会自己修剪草坪，而是去参加比赛或者给阿迪达斯拍广告。但是福瑞斯特·甘姆却不一定愿意来给他修剪草坪，如果老虎·伍兹给他的报酬也是他在 4 个小时里能够赚到的 20 美元的话。所以，老虎·伍兹只要付给福瑞斯特·甘姆多于 20 美元而少于自己的支付意愿价格就可以达成交易。由此可以断定，老虎·伍兹不可能会因为自己能够更快地修剪好草坪，就选择自己修剪。

这样进行交易之后，不仅老虎·伍兹能够获得更多的利益，福瑞斯特·甘姆的收益也会随之增加。由此可见，比较优势原理解释了相互依存和贸易的好处，也证明了经济学中的一大原理——贸易使每个人的境况变得更好。经济学家很早就了解到比较优势的原理。亚当·斯密在很早的时候就提出了如下的观点：

如果购买一件东西所付出的代价比在家里生产所付出的代价小，就永远不要在家里生产，这是每一个精明的家长都知道的道理。裁缝不想制作自己穿的鞋子，而向鞋匠购买；鞋匠不想缝制自己穿的衣服，而雇裁缝缝制；农民不想缝衣，也不想制鞋，而宁愿雇佣那些不同的工匠去做。因为他们都知道，为了他们自身的利益，应当把他们的全部精力集中使用到比其他人有优势的方面，而以其劳动生产物的一部分或者说是一部分的价格，购买他们所需要的其他任何物品。

总之，人们做一件事情并不是由其自身的绝对优势来决定的，而是取决于其比较优势。而贸易也正是在比较优势的对比下才得以进行，并且使贸易双方的情况都变得更好。

8

为什么在国外有时候坐飞机比乘坐地铁还要便宜

飞机是一种相对奢侈的交通工具，一般人如果没有紧急的事情是不会坐飞机出行的。可是在外国有时候飞机的票价竟然便宜到几块钱甚至更少，比坐公交车还便宜，这到底是为什么呢？

香港偶像组合 TWINS 有一首歌叫做《八十块环游世界》。但是这首歌并没有告诉人们"八十块环游世界"的可行性方法，而是跟童话一样在幻想有一张会飞的波斯地毯。波斯地毯会有的，但是会飞则是不可能的。但是，有人替她们解答了这个问题，这个人告诉我们，用八十块钱来环游地球也不是没有可能。

2004 年朱兆瑞的畅销书《3 000美金我周游了世界》引起了广泛的社会关注。几乎所有的人都不相信仅仅3 000美元就可以周游世界。但是看完这本书之后，几乎所有的人都相信了不用骑魔毯，也可以环游世界。

我们都知道乘坐交通工具是外出旅游的一项重大开支。而环游世界基本上要通过坐飞机来完成，开支将会更大。如果按照正常情况来说，3 000美金绝对不可能够。有人曾经做过统计，环游世界一周正常情况下的花费是 20 万美元。但是朱兆瑞不仅做到了，而且只花了 1 000 多美元来购买机票。

朱兆瑞为什么能够花这么少的钱买到机票呢？他在一次接受采访时透露说："第一次，当时我记得从英国去都柏林的时候，当时买机票是 67 英镑（折合人民币 700 元左右）多，是急急忙忙买的。在机上又累又渴，小姐给我递可乐，我也不客气，结果刚喝了一半，小姐说对不起先生，请你付费。我非常惊讶，我坐了一百次飞机了，怎么要付费呢？感觉自己心里非常不舒服。但是看到大家都在掏钱，所以我乖乖付了 5 英镑。付了钱之后我觉得很奇怪，我跟旁边的人请教，为什么要我付费？结果那个人不以为然地说，当然要付费了，1 英镑买的机票当然要付钱。为什么我花 67 英镑，你花 1 英镑？结果是因为他是提前两个星期预订的。正因为我有这个吃亏上当的经验，才有成功周游世界的经历。"

他知道提前预订机票会少花很多钱之后，便一直提前预订机票，最便宜的一次机票价格仅为 0.1 欧元。我们都知道机票的价格是比较高的，因为这种交通服务的成本高，价格自然也会水涨船高。可是为什么有人能花 1 英镑买到机票，而有时候机票仅值 0.1 欧元（折合人民币 1 元左右）呢？当然不是成本降低了，而是机场考虑到了一个经济学原理——边际效益，然后作出的以如此低廉的价格卖票的决定。

理性人考虑边际量是经济学一大原理。一个人对任何一种物品的支付愿望都基于其边际效益，即物品产生的额外收益。也就是说，当你付出了一定的成本时，你想要得到比付出成本原本应该得到的收益更多的收益。或者当你付出成本后必然亏损时，你希望亏损比原来本该亏损的

少一些。

例如，考虑一个航空公司决定对等退票的乘客收取多高的价格。假设一架有 200 个座位的飞机横越美国飞行一次，航空公司的成本是 10 万美元。在这种情况下，每个座位的平均成本是 500 美元。马上就会有人得出结论，航空公司的票价决不应该低于 500 美元。但实际上，航空公司可以通过考虑边际量而增加利润。设想一架飞机即将起飞时仍有 10 个空位，而在登机口等退票的乘客愿意支付 300 美元买一张票。航空公司会把票卖给他吗？当然会。如果飞机有空位，多增加一位乘客的成本是微乎其微的。虽然每位乘客飞行的平均成本是 500 美元，但边际成本仅仅是这位额外的乘客将免费消费的一包花生米和一罐软饮料的成本而已。只要等退票的乘客所支付的钱大于边际成本，卖给他机票就是有利可图的。

因为朱兆瑞的机票大都是提前买的，而在欧洲航空运输非常发达，所以每架飞机都有空位。有空位，航空公司就会有损失。因为它的成本是既定的。多一个空位，就会少一份收入，所以理性人考虑到边际量，虽然机票的价格非常低，但是也会往外出售，正如俗话所说，赚一分是一分。而飞机上的饮料原本是免费的，可为什么这时就不免费了呢？也是因为考虑到边际量。因为边际收益已经够低的了，为了能够尽量多收回一些成本，减少损失，航空公司便想尽各种办法从乘客手中赚取边际收益，而不是为了招揽乘客（足够便宜的机票已经能够起到招揽乘客的作用了）而提供对乘客来说是边际收益的免费饮料服务。

其实我们不仅从这件事上会考虑到边际量，在许多事情上，我们都会考虑到。边际效益的多少与有无深深地影响着人们的经济决策。

9

为什么有人会买一些打折但是没有用处的东西

　　人们都希望以一个期望的价格购买某商品，如果人们在消费时实际花费的金钱比预期的花费低，人们就会从购物中获得乐趣，仿佛无形中获得了一笔意外的财富。实际上却是让商家赚了他很多钱。而一些商品打折时，很多人抢着去买，可是却发现买回来一点儿用也没有，为什么当时还抢着去买呢？

　　假如你得到了一张限量版的 U2 新专辑，可是你根本不喜欢 U2 的歌，于是你在网上发了个帖子要把它转让出去，结果有四个 U2 的歌迷前来竞拍。

　　开始的时候，你只想卖出去，得到你的成本价，所以先出了 80 元。结果价格很高上升到 100 元以上。但是当你叫价 150 元时，A 退出了，因为他的估价为 130 元，其他三人继续竞拍。当价格上升到 170 元时，B 也停止了竞拍，因为他的估价为 160 元，而当价格上升到 180 时，C 也停止了竞拍，他的估价为 170 元，而 D 则以 180 元的价格得到了这张限量版专辑。而且他还十分满意，因为他的估价为 200 元。

　　为什么在价格上升时，A、B、C 先后退出了竞拍呢？很显然是因为价格过高。用经济学的说法就是，价格超过了买者的支付意愿。所谓支付意愿，是指买者愿意为某种物品支付的最高量。在这次竞拍中，A、B、C、D 的支付意愿分别为 130、160、170、200。最终结果是 A、B、C 三人没有得

到，也没有支付一分钱，而 D 则花了 180 元得到了专辑，此外他还觉得自己赚了 20 元。因为他的估价为 200 元，但是实际支付的价钱却只有 180元。所以说，他得到了 20 元的消费者剩余。所谓消费者剩余是指买者愿意为一种商品支付的量减去他实际支付的量。因此，D 虽然花了很高的价钱得到了这张专辑，但是他却十分高兴。

一名年龄介于 18 岁和 35 岁之间的女性购物者告诉"男人买，女人逛"调查的研究人员说："我喜欢购物，这将至死不变，我就是爱购物。"而一名相同年龄段的男性购物者则说："我们来到这家商店，买到东西就走人，因为我们还有别的事情要做。"调查得出了一个结果，女人的钱比男人的钱好赚。因为"女性从人际交往的角度来看待购物，而男性更多地将购物当做一种手段，一件必须完成的工作。"事实上，我们经常会发现女性购物总是会买一些预期之外的东西，甚至有时还会买一些根本没有用的东西。除了女性购物的欲望之外，还有一个重要的原因就是因为她们经常会买一些打折的东西，赚取"消费者剩余"。

人们希望以一个期望的价格购买某商品，如果人们在消费时实际花费的金钱比预期的花费低，人们就会从购物中获得乐趣，仿佛无形中获得了一笔意外的财富；相反，如果商品的价格高于他的预期价格，他就会放弃购买行为。因为购买商品的实际支出低于预期价格获得某商品而得到满足；同样，当某商品的价格高于他的预期时，他就不会购买，他因此也会获得一种满足。他会认为虽然没有得到某商品，但是也没有失去金钱，就算省了。但是很显然，他的第一种满足大于第二种满足。而有时候，当人们因为少花了钱买了一样东西时，他会用省下的钱去买其他的东西。或者当他发现一样东西便宜，虽然自己可能根本用不着，他也会去购买，以满足自己的"消费者剩余"心理，虽然事实上消费者剩余不会给顾客带来实际的收益。

很多时候，我们会发现一件非常奇怪的事情，你在打折的高档精品屋里花上千元买来的东西，和一般的商场里价格却只有两三百元的东西竟然一模一样。这是因为你被打折的手法诱惑了，你只获得了过多的消费者剩余——心理的满足，而付出了自己的大量金钱。当你在水果摊上看到刚上市的荔枝时，新鲜饱满的荔枝激起了你强烈的购买欲望，并且这种欲望溢于言表。卖水果的人看到你看中了他的荔枝，他会考虑以较高的价格卖给你。你对荔枝的较强的购买欲望，表明你愿意支付更高的价格。所以，当你询问价格的时候，他会故意提高价格，由于你的消费者剩余较多，或许你对这个价格还挺满意，就会毫不犹豫把荔枝买了下来。结果，你的消费者剩余转化为水果摊主的利润。

再比如，你去服装店买衣服，看见一件衬衣标价 380 元，但实际上 80 元就能够买下来。为什么标价这么高呢？这是因为商家想赚取你的消费者剩余。这件衣服的成本不足 80 元，但是当有人特别喜欢这件衣服时，他们就愿意出高于 80 元甚至远远高于 80 元的价格将其买下，这里面就存在着消费者剩余。因此，当你看上某件衣服时，最好不要流露出满意的神色，否则你就要花费较多的钱买下这件衣服。对于那些没有购买经验的顾客来说，当他以较高的价格买下这件衬衣时，或许还以为自己占了个便宜，殊不知当他高高兴兴花钱买下这件衣服时，商家也高高兴兴地发了一笔小财。

很多精明的商家懂得消费者剩余的道理，所以就拼命地抬高商品的价格，迷惑消费者，让消费者以为自己所卖的商品都是高品质的。消费者因为觉得这些商品是精品，所以就会提高自己的支付意愿。而商家在消费者的支付意愿提高之后再行打折，使折扣价比消费者的支付意愿低。结果就会有许多消费者来抢购这些"打折"的商品，以为自己"花了更少的钱买了更值的商品"。但实际上却是，越喜欢买打折商品的人，花的钱就会越多，也就会买到更多没有用的商品！

10

通货膨胀使人们的购买力下降了吗

通货膨胀都会伴随着物价指数的上升。因此出现通货膨胀的时候，人们的购买力就跟着下降，但是如果一直通货膨胀，人们的购买力也一直在下降吗？

一般来说，人们都认为通货膨胀是坏事。如果问一个普通人，通货膨胀有什么坏处，他会不假思索就告诉你：通货膨胀降低了他辛勤赚来的钱的购买力。当物价上升时，每一元人民币所能购买到的物品与劳务都会减少。因此人们对通货膨胀的第一反应就是它直接降低了人们的生活水平。

但是经济学家并不这么认为。通货膨胀是一个很复杂的经济问题，它对人们生活水平的影响不能简单地、想当然地认为。所谓通货膨胀，简单地说就是指市场上流通的货币比实际的需求量大，因此导致物价上涨，并引起一系列经济问题的经济现象。我们都知道货币是有价值的，它的价值是由其购买力来体现的。货币也是有一定的数量的，所以其供求关系也会影响其价值。正如香蕉的供给与需求决定了香蕉的价格一样，货币的供给与需求也决定了货币的价值。各国政府都是对经济形势、货币流通量与流通速度作出预测，然后与银行体系共同决定货币的供给。因为对经济形势的预测有误，或者没有准确地把握货币的流通问题而过多地发行了货币，就会导致货币供给量大于需求量，最终出现通货膨胀。由此可见，通货膨胀出现的主要原因是货币量的增长。

世界上许多国家都曾经出现过通货膨胀，有的国家甚至出现超速通货膨胀。在通货膨胀严重的时候，的确是会对人们的生活水平产生严重的影响。据2007年9月1日的《纽约时报》报道：

周五津巴布韦政府尝试了冻结工资、租金以及服务费6个月，这被一些分析家称作一场为维护高通货膨胀经济的、越发疯狂的战役的最后一招。在穆加贝总统宣布冻结之后，津巴布韦报纸评论说，这样缩小政府运转所需要的税收与两个月以来政府反通货膨胀的努力事与愿违。

新的冻结命令是由政府控制的报纸于周五发布的，本意是要对付政府所说的超过7600%的年通货膨胀率，不过非官方的经济学家认为实际的年通货膨胀率是这个数字的两倍。这项冻结政策禁止企业通过按通货膨胀调整的指数工资或者费用，这是很多工资合同通常采用的方法。现在所有的提高都必须由某个政府委员会批准，这是政府经营的《先驱报》报道的。

6月底，在冻结令之后政府又宣布了另一项法令，强制商家和批发商把所有的价格至少降50%。该项法令发布之后，买东西的人买光了货架上的衣服、食品和其他一些基本物品，而生产者普遍无法再续新货，因为售价还不够生产成本。

大部分商品现在只有黑市上才有，而且价格在继续高涨。随着工厂里和市场上最后的存货消耗殆尽，津巴布韦很快就会面临让今天的价格看来都很便宜的螺旋上升式通货膨胀。首都哈拉雷的经济学家John Robertson在访谈中是如此说的："由于商品稀缺，价格还会走得更高——几周后同样的东西价钱会是现在的10倍。"

Robertson先生说闲置的生产者只能解雇工人以此来降低成本，这样政府的工资税收入减少了，而销售税收入也直线下滑，因为商店没东西可卖。

另据政府控制的《金融公报》报道说，价格禁令开始以来，政府增值税减少了90%，而独立报刊《津巴布韦独立报》报道说，价格禁令开始以

来，已经造成了政府 13 万亿美元的税收损失。政府通过印刷钞票来付账，继续运转，但是由于货币价值缩水，政府的雇员要求加薪，军队也要求加饷。国内一片混乱。

从这则报道中我们可以看出，通货膨胀的破坏性非常大，但是通货膨胀并没有降低人们的实际购买力。因为当物价上涨时，物品与劳务的购买者以为他们购买同样的物品花的钱多了，但是同时，他们出卖自己的物品与劳务所得的货币也增多了。

人们之所以认为通货膨胀使自己的购买力下降了，是因为人们并没有认识到自己每年增加的工资中包括通货膨胀率。例如，一个工人每年可能会增加 10% 的工资收入，他会认为这是对自己才能与努力的奖励。当 6% 的通货膨胀率把这种收入增加降为 4% 时，工人会感到他应该得到的收入被剥夺了。实际上，人们的真实收入是由物质资本、人力资本、自然资源和可以得到的生产技术来构成的。如果政府通过发行国债等措施将货币回收，使通货膨胀降低到 0，工人们每年的收入增加也会从 10% 降到 4%。这时工人们会感觉自己的购买力没有降低，因为他没有受到通货膨胀的影响。

当然通货膨胀会使人们的购买力在短期内下降，因为人们对通货膨胀的反应是滞后的。当人们发现通货膨胀已经发生之后，商品的价值以货币的形式表示，当价格上涨时，自己的物品与劳务的交易价格并没有随之上涨，所以也就会产生暂时的购买能力不足，进而产生购买力下降的看法。而一旦通货膨胀被广泛认识之后，个人的物品与劳务的出让价格也会上涨，也就会形成一种新的货币量流通模式，货币量就会在新的供求关系下进行流通。通货膨胀会使人们的购买力下降，但这只是暂时的。从长期来看，市场上的货币在增多之后，会形成一种新的流通量与流通速度，但这并不会使人们的购买力下降。

生活篇
SHENGHUOPIAN

1

姚明为什么选择打篮球而不去上大学

天下没有免费的午餐，做任何事情都是要付出成本的。当你在吃免费的午餐时，你付出的成本将是用这个时间来做其他事情的收益。"机会成本"是无所不在的。姚明在19岁那年入选国家篮球队。在这个年龄的人应该正是读大学的时候。姚明为什么会作出这样的选择呢？

春秋时期，齐国有一户人家的女儿长得十分漂亮，到结婚年龄的时候，两家邻居同时来提亲。东家很有钱，但是儿子长得很丑；而西家儿子长得帅，但是却很穷。父母一时拿不定主意，就问女儿愿意嫁给哪家的儿子。女儿羞答答地不好意思说。父母就对她说："要是难以启齿，就袒露一只胳膊。嫁东家就露左胳膊，嫁西家就露右胳膊。"结果女儿将两只胳膊都露了出来，父母十分困惑，就问她原因。漂亮女儿说："想在东家吃饭，到西家住宿。"

这个故事中的选择在现实中是不可能成立的。正如孟子所说："鱼与熊掌不可兼得。"选择了鱼，就必须要放弃得到熊掌的机会，反之亦然。从经济学上来说，这是一个机会成本问题。"机会成本"是经济学中的一个重要概念，又称"选择成本"，简单地解释就是，某种东西的成本是为了得到它所放弃的东西。因为资源的稀缺性，人们就会面临着选择，权衡利弊之后进行取舍。简单地说，某种东西的机会成本就是为了得到它所放弃的东西。

我们常用"天下没有免费的午餐"来说做任何事情都要付出代价，没有任何东西是不劳而获的。其实这一句俗语最早被广泛应用的时候是出自经济学家弥尔顿·弗里德曼的一本书——《天下没有免费的午餐》。而这句话的真正意思并不是说我们吃别人的午餐要付出代价，而是说我们做任何事情都是有代价的，都是有机会成本的。就像开始的故事中，女儿如果选择了东家的儿子的钱财，就不会得到西家儿子的外貌，这就是她选择之后所要付出的代价。

其实我们无论做什么事情都面临着这种选择，都需要付出机会成本的代价。

不论是企业还是个人，所拥有的资本都是有限的，如果把资本应用在一个项目上，就不可能用在其他的项目上。所以，不论是个人还是企业都面临着权衡取舍。人们进行经济行为都是为了使自己得到最大化的经济利益。从这一目的出发，人们会根据不同的成本与收益来作出最大化利己的决定。

清末同治年间，浙江县县令段广清判了一个很有趣的案子：一个乡下人进城卖东西，不小心踩死了一户人家的一只小鸡。户主不依不饶，将其告到了衙门要求索赔，他声称，这只鸡虽然小，但是却是特殊品种，养几个月之后就能重达九斤，一斤能卖100文钱，所以这个乡下人要赔偿他900文钱的损失。段广清问明原委之后，很快就判户主赢了，乡下人要赔他900文钱。正当户主高兴的时候，段广清又说："你的鸡养几个月之后能够重达九斤，但是现在并没有到九斤。俗话说'斗米斤鸡'。鸡长一斤肉，要吃一斗米。你的鸡死了，就不用吃米了。你得到赔偿了，又省了米，哪有这等好事？你应当赔这个乡下人九斗米！"户主无言以对，只得遵判而行。

想得到鸡肉卖的钱，却不想付出鸡吃米的成本。这就是户主的美妙想法。但是哪有这种好事，不想付出任何代价，想不劳而获是不可能的。县令段广清将计就计，惩戒了这个想占便宜的户主。他无形之中运用的就是"机会成本"这一概念。

天下没有免费的午餐，做任何事情都是要付出成本的，至少时间成本是必须要付出的。当你在吃免费的午餐时，你付出的成本将是用这个时间来做其他事情的收益。因此可以说"机会成本"是无所不在的。众所周知，姚明在19岁那年入选国家篮球队。在这个年龄的人应该正是读大学的时候。姚明为什么会作出这样的选择呢？根据经济学中的一大原理：人们面临取舍。也就是说，人们在面对各种机会时，只能作出一个选择。对于姚明来说，上大学是一种选择，继续打篮球是另一种选择。面对这两种不同的机会，他必须作出最有利于自己的选择。从个人成功的角度来说，姚明可以上大学，毕业之后找一份工作，也许他能做得很好。他也可以继续打篮球，成为篮球明星，同样能够取得个人的成功。对比这两种不同的选择，很明显，对于他来说，后者更占优势。而且大学可以以后再上，而打篮球却是有年龄限制的。所以，面对两种不同的机会，他选择了继续打篮球，付出了上大学的机会成本。结果，在2002年姚明以状元秀身份被NBA的休斯顿火箭队选中，开始了他的NBA篮球生涯，取得了骄人的成绩。

无独有偶，比尔·盖茨于1973年进入哈佛大学法律系学习。他不喜欢法律，但对计算机十分感兴趣。19岁时，他面临两种选择：是继续学习直至毕业，还是辍学创办软件公司？继续学习会失去创业的最佳时机，而辍学办公司又拿不到很多人都梦寐以求的哈佛大学毕业文凭。盖茨在进行了机会成本的对比之后，觉得还是创业更值得，于是便义无反顾地放弃了学业，创办了自己的软件公司。1999年《福布斯》杂志评选，比尔·盖茨以净资产850亿美元荣登世界亿万富翁的榜首。1999年3月27日，盖茨应邀回母校哈佛大学参加募捐会，当记者问他是否愿意继续学习以拿到哈佛大学的毕业证时，他向那位记者笑了笑，没有回答。看来比尔·盖茨是不愿

意回到哈佛大学继续学习了，因为这时的机会成本更大。

"机会成本"对人们的生活，尤其是经济活动产生着很大的影响，每个人都会面对，关键的是要在面对选择时，能够以理性的态度去解决，作出有利于自己的利益最大化的选择。实际上，大多数成功者都是对机会成本进行正确的选择，而那些失败者则正好相反。

2

两家同样货源的水果店，为什么生意一家冷清一家火热

一样的水果店，一样的水果，一样的价钱，店主也一样童叟无欺，可是经营状况却差别很大。一家顾客络绎不绝，而另一家却门可罗雀，到底是什么原因导致这种怪事的出现呢？

很多时候，我们经常会发现一些看似十分奇怪的现象：有两家商品质量差不多的商店，有一家的生意非常好，而另一家的生意却很冷清。甚至在一家店门前排了很长的队，而另一家店门前没有几个顾客。人们宁可花费时间去排队，也不愿意去另一家进行同样的消费。这是为什么呢？

让我们从另外的问题说起。假如现在你要去冲洗照片，很多冲印店都会给你提供免费加冲第二套的服务。为什么会免费为你冲洗第二套呢？从成本上来讲，现在大多数胶卷都是自动冲印。店员只需要把负片放进机器，剩下的工作就全由机器搞定了。一张照片要冲第二张，只需要按个钮，不需要额外的劳动时间。复制照片的相纸和化学药品当然增加了些许成本，但少之又少，因此一卷胶卷冲印第二套的成本只增加了一点点。

　　从另一个角度看，很多人冲洗照片一般都只冲洗一套，很少有人会冲洗第二套。可是为什么还会选择提供免费冲洗第二套照片的冲印店呢？很显然，因为它提供了免费冲洗第二套的服务。因为大多数人虽然知道自己不会冲两套，但是并不能确定会不会多冲一套，既然有这样的服务，而且是免费的，当然会首选这种冲印店了。也就是说，免费冲洗第二套的冲印店以微小的成本为顾客提供了一种宝贵的服务，不提供这一服务的冲印店，肯定会有不少顾客流失到竞争对手那里。

　　从经济学上讲，人们考虑到这一点可能的好处，被称为"边际效用"。所谓"边际效用"，简单地说就是指每一新增单位的商品或服务带来的效用。人们从对产品效用的主观心理估价引出价值，认为价值量取决于边际效用量，即满足人的最后的也就是最小欲望的那一单产品的效用。比如，从北京开往唐山的长途客车票价为60元，车辆即将出发，因为车多，所以很多车上还有不少的空位。这时匆匆跑来一个旅客要求以50元的价格坐车。第一辆车的售票员不假思索就拒绝了。他又转而去找第二辆车，而那位售票员则不假思索就让他上车了。乍一看，第二辆车的做法亏了，因为售票员允许这名乘客以50元享受了60元的客运服务。可是如果仔细想想则正好相反。第一辆车的售票员考虑的是票价的问题，因为服务是60元的不可能以50元给乘客提供。而第二辆车的售票员考虑的则是边际成本与边际收益的问题。对于客车来说，边际成本是增加每一单位的乘客所增加的成本。增加一名乘客，所需付出的汽油、过路费、工作人员工资和汽车磨损都不会增加。因为车马上就要开了，车上的空位闲着也是闲着，如果能够多拉一名乘客是赚钱的话，那么拉一个是理性的。对于汽车来说，多拉这一个乘客所付出的边际成本可能只有一两块钱，而边际收益是这位乘客的票价。因为增加一名乘客的收益远远大于其付出的成本。所以，让这名乘客上车就是合适的，是理性的决策行为，而不让乘客上车的行为则是不理性的（当然，允许这位乘客以50元的票价乘车这一事实，最好不要让那

些花了 60 元买票的乘客知晓）。

　　经济学中把人假设为理性的，在这一假定下，人们所做出的一切经济行为与决策都是本着自己的最大利益而做出的。而理性人在面对决策时，往往考虑其边际量，也就是边际效用。在机会成本既定的条件下，理性人系统而有目的地去做可以达到其目的的最好的事。

　　假如开一家工厂，在使用现有设备的情况下，雇佣 10 个工人，每天能够共生产产品 100 件。在设备没有变化的情况下，如果把工人增加到 11 个，产品增加为 110 件。增加 1 名工人引起了 10 件产量的边际量。假如工人的工资每天为 20 元不变，当增雇一个工人时，工资增加 20 元，如果不考虑原料，这 20 元就是生产的全部成本，增加一个工人的边际成本为 20 元。如果每件产品价格为 3 元，增加一个工人的边际量为 10 件，边际收益等于边际产量乘价格就是 30 元。边际收益大于边际成本，增雇一个工人显然是有利的。反之，如果边际产量在 6 件以下，或价格低于 2 元，即边际收益小于边际成本，增雇一个工人就是不利的。这也是为什么有的工厂不扩大规模的原因之一。

　　知道了边际成本与边际效用，我们再回头来看本文开头提出的问题。在路边两家同样货源的水果店里，当我们去买水果的时候，之所以发现一家比另一家的生意红火，并不是这家水果店比另一家的水果质量更好，而是因为这家店的老板无形中运用了边际效用这一原理。他给顾客提供了更周到的服务，比如多给顾客一点水果，或者少收几毛钱。而另一家之所以生意冷清则可能是太缺乏这种人情味的原因。

3

为什么你会对父母的爱没有感觉，却对陌生人的一点关心感激不尽

对于大多数人来说，世上最无私、对自己付出最多的是父母的爱，可是有时候人们却对父母的关爱视而不见，根本不当一回事，而当得到一个素昧平生之人的一点点帮助时却感激不尽！人们为什么会有这种反常的反应？

一个小女孩和妈妈吵了一架。母亲气愤之极打了她一个耳光，小女孩一怒之下跑出了家门。她在街上游荡了一天，腹内空空，饥饿难耐，盯着街边卖馄饨的小摊，但是身上没有一分钱。摊主是一位老奶奶，见她可怜，盛了一碗馄饨给她吃。小女孩说："我没有钱。"老奶奶见她可怜便说："不要你的钱，我请你吃。"小女孩边吃边流泪，老奶奶问她为什么，小女孩说："我妈妈因为一件小事就把我赶出家门，而您不认识我却还要给我馄饨吃。"老奶奶听完后语重心长地说："孩子，如果你是因为这一碗馄饨而感激我的话，那你为什么不感激养育了你十几年的妈妈呢？"

就像古人所说的那样："入芝兰之室，久而不闻其香；入鲍鱼之肆，久而不闻其臭。"因为这个小女孩自出生之时起，妈妈就喂养她，给她煮了十几年的饭吃。久而久之，她就觉得这是天经地义的事，所以就不会对此产生一点儿感激。而这位老婆婆则是第一次给她吃的，并且是非亲非故，所以她会如此感动。试想一下，如果她每天都来，每天这位老奶奶都给她吃

的，她也会感激不尽，但是随着时间的推移与次数的频繁，她肯定也不会像开始时那么感激了，甚至到最后她可能也会觉得这个老奶奶对她也不过如此了。

在炎热的夏天，你从外面回到家里，打开电冰箱吃第一个冰淇淋的时候，感觉实在是很爽。可是，当你吃第二个的时候，就没那么爽了。如果你接下去吃第三、第四、第五个……非但不爽，还可能出现副作用。类似的情况还有，如果你一天没有吃饭，有人给你第一个馒头吃，你会觉得很好，第二个还可以，第三个就已经有点饱了，如果再逼你吃第四个，就会让你觉得肚胀难受。

以上这几种情况都可以用一个经济学上的原理来解释，那就是"边际效用递减规律"。所谓"边际效用递减"就是指，一种产品对于一个人来说，其额外效用随着已有总消费量的每一次增加而递减。因为理性人都考虑边际量，而边际量因为自己得到的越来越多而会产生效用的递减。比如 100 元钱产生的边际效用对不同的人来说是不同的。对于一个穷人来说，100 元的额外收入给这个人所带来的额外效用大于富人 100 元的额外收益。换句话说，随着一个人收入的增加，从增加的 100 元收入中得到的额外福利是递减的。A 和 B 两人除了 A 年收入 8 万元，B 年收入 5 万元之外其他条件完全相同。在这种情况下，如果两人同时得到 100 元钱的收入，对于两人来说感觉是不同的，也就是边际效用是不同的。但是当时间久了之后，如果这种额外收入一直只是 100 元，那么 B 的感觉也会跟 A 一样变得越来越少了。所以，对于一个富人来说，赚到第一个 100 万与赚到第二个 100 万相比，感觉是完全不同的，如果再有第三、第四个 100 万，那么感觉就会越来越平淡。有一位私营企业家，他的公司年产值约 2 亿元，一年纯利润也有两三千万。但他每天早上八点半上班，常常要到晚上八九点才回家。他自嘲被企业"套"住了，一年到头很难有轻松的时候。有人问他，公司每年财务报表上利润的增加能给他带来多少快乐，他笑笑，摇摇头："增加

几百万没啥感觉。"这并不是他对赚钱没有了兴趣，更不是以后赚的钱价值不如当初赚的钱了，而是因为边际效用递减了。

"边际效用递减规律"是经济学中的一条重要的规律。人们的很多行为都无形中运用了这一理论，或者受了这一理论的影响，尤其是在涉及到经济活动时作出的决策与行动。假定你是一家公司的CEO，你有两种支付员工报酬的方式。一种方式你可以给员工支付定额的高薪，另一种方式你可以给员工相对低一些的工资，但是时不时给他们一些奖励。客观来讲，采用第一种方式你的公司花的钱更多，员工获益也就大，但事实却是，员工在第二种方式下会更高兴，而这个时候公司花的钱还更少！因为给员工支付定额的高薪使他在开始的时候感觉很好，会起到鼓励的作用，但是时间一久，就会觉得没有新鲜感了，也就不会起到鼓励的作用了。而如果不时地进行一些奖励，则会使员工感觉更高兴，更会加倍努力地工作。

在一贫如洗时，最初的财富积累，给人带来的幸福感一定急剧上升。财富积累到一定程度后，其带来的幸福感也会进入一个缓坡。等到财富增长到某个数量后，大大超过了一个人一生的需要时，拥有者可以"为所欲为"时，幸福感增长就基本成为水平线，很难再有更多增长。美国61岁的富翁蒂托花了2 000万美元到俄罗斯国际空间站进行太空旅游。28岁的南非富翁马克也同样玩了一次。他们之所以去做这些在平常人看来非常奢侈的事情，不是因为自己喜欢做，也许是因为他们所能做的，能够使自己有新鲜感的事情已经很少了，可以说只有这些事情能够使他们感到快乐了。其他的，都因为过度的边际效用递减到可有可无了。

4

为什么说负一定的债务反而是一件好事

"无债一身轻"不像"无官一身轻"那样是一种酸葡萄心理，而是实实在在、普遍存在的社会大众心理，可是有人却说负债也是有好处的，负债到底有什么好处，怎么负债才真正有好处呢？

在中国人的观念中，债务一直被看作是洪水猛兽。"负债累累"、"债台高筑"等等成语都反映了人们对债务的看法，很多人都认为"无债一身轻"才是正常的财务状况。的确如此，负债累累确实会影响到人们的生活，但是这并不是说，一点儿债务也没有就是最好的。实际上，债务对人们的生活也是有着积极的影响的。

在日本有一个流传很广的故事：古时候日本渔民出海捕鳗鱼，因为船小，回到岸边时鳗鱼几乎都死光了。但是有一个渔民船上的各种捕鱼装备以及盛鱼的船舱，和别人的都完全一样，可他的鱼每次回来都是活蹦乱跳的，因此他的鱼卖的价钱比别人的高好几倍。没过几年，他就成了大富翁。后来他身染重病，不能出海捕鱼了，才把这个秘密告诉他的儿子。原来他在盛鳗鱼的船舱里，放进了一些鲶鱼，因为鳗鱼和鲶鱼生性好咬斗，为了对付鲶鱼的攻击，鳗鱼也被迫竭力反击。在战斗状态中，鳗鱼求生的本能被充分地调动起来，所以活了下来。这就是自然生态的奥秘之处，当鳗鱼面对天敌时，警戒心倍增而促使求生欲被激发，全力抵抗鲶鱼的威胁侵扰，加强了对运送过程的适应力，存活率大大提高了。

富翁把鲶鱼和鳗鱼放在一起，使鳗鱼感到有生存的压力，所以拼命反抗，生存了下来。而其他人的鳗鱼竟因为没有生存的压力，失去了求生的本能，便在这种"安逸"的环境中死了。这就是压力的作用。但是富翁为什么不放其他的鱼呢，比如鲨鱼，岂不更能激发鳗鱼的求生本能？正如一个弹簧所能承受的压力是有限的，如果超过了它的极限，弹簧就会被压坏一样，压力也应当是适当的。在鲨鱼面前，鳗鱼根本没有能够逃生的可能，只有被吃掉这一条死路，所以压力过大，也难以生存下去。同样的，对于人类也是如此，那些没有压力的人往往便没有十足的干劲，也就成不了大事。债务有时就是如此，如果一个人没有适当的债务，似乎就会觉得自己活得很轻松自在，也就没有了压力，就不会努力去积累财富。从这个角度来看，人们有一定的债务反而会激发自己的上进心。

2006年底，某调查机构发布了一个关于信贷消费的报道，他们在北京、上海、广东对1 500名大学生进行了问卷调查。在这1 500名大学生当中，有30%的人表示他们要在毕业后5年之内买房子，有20%的人表示要在毕业后5年之内买汽车。事实上，人们在年轻时花钱是最多的，但是在年轻时赚钱却是最少的，因为工作年限与工作能力都不占优势。而想要买房、买车的话，只能花未来的钱，将未来的收入提前变现来进行消费，这就需要借债。

经济学家认为，人的消费水平不是由其当前的购买能力决定的，而是由其一生的收入来决定的。人们总是根据自己的预期一生收入来购买自己需要的消费品，但是人们在年轻时，一方面需要大量的金钱，一方面却没有足够的金钱；而在中年时，往往是钱赚得很多，而花费却相对来说少了很多。因此，就需要通过借贷将其平衡，把未来的收入提前变现到现在来购买生活所需要的物品，这就需要通过向银行贷款，把将来的收入提前变现，来提高自己的生活质量。目前，信贷消费已成为越来越普遍的现象，

越来越多的人加入到了信贷消费的行列。比如说买车、买房及买一些消费品，都会采用向银行贷款的方式来实现。"花明天的钱享受今天的生活"这种消费方式得到了不少人的认同，但是这也出现了一些问题。有些人因为债务过高，乃至"债台高筑"，成为债务的奴隶。

经济学上通常把债务分为两类：一类是良性负债；一类是不良负债。所谓良性负债，就是你可以自己控制的负债，如生活费、娱乐费、子女教育费等。反之，如果超出了自己预期收入的、不可控的负债，则为不良负债。以买房为例，如果个人购买住房（自己居住）向银行贷款，月还款金额不超过月收入的30%，这样的债务就属于良性负债。如果购房人的还贷比例达到了月收入的50%，在这种情况下，对于购房人来说就不具备财务的弹性，如果一旦收入减少，就很容易使购房人陷入财务困境，这种情况属于不良债务。

由此可见，负债是好的，但是不能过度负债。因此，我们有必要对自己的负债进行系统、深入的分析，对债务要有一个清醒的认识，以免在借贷消费的同时背上沉重的财务负担。现在社会上出现了很多"房奴"、"卡奴"，就是因为他们每月的还款额严重超过了自己的实际支付能力。

一般说来，债务并不是好东西，所以很多人都害怕承担债务，这是一种良好的心态。但是正如没有压力就会没有动力一样，一个人完全没有一点债务，有时也并不是一件很好的事。债务有好的债务和坏的债务，好的债务能增加你的收入、现金流、净资产。只是要注意，负债过多或者负债远远超出了自己的偿还能力，则是"过犹不及"。

5

为什么厂家不惜重金为自己的产品做广告

很少有代言人一直使用其所代言的产品，按理说厂家不应该找这样的人来代言。可事实上，许多厂家不仅找明星代言，而且还不惜花重金请大牌明星给自己的产品代言。这是为什么呢？

1994 年，谭希松出掌中央电视台广告信息部。刚上任，她就使出了一记绝招：把中央电视台的黄金段位拿出来，进行全国招标，并且给投标金额最高的企业准备了一顶"金光四射"的桂冠——"标王"。

11 月 8 日，山东秦池酒厂的厂长姬长孔带着 1993 年秦池酒厂的所有利税之和——3 000 万元来到梅地亚进行竞标，最后以 6 666 万元竞得"标王"，高出第二位将近 300 万元！当时人们并不知道这样一个名不见经传的小酒厂，但是姬长孔竞得"标王"之后，一日之间暴得大名，而秦池酒厂也因此在 CCTV 黄金时段的广告中而闻名全国。根据 1996 年秦池对外通报的数据，当年度企业实现销售收入 9.8 亿元，利税 2.2 亿元，比往年增长 5 倍~6 倍。

看到这个巨大的广告效应之后，1996 年 11 月 8 日，众多厂家来到梅地亚开始新一轮的竞标。广东爱多 VCD 一口气喊出 8 200 万元，比 1995 年秦池的竞标额超出 1 000 多万元。随后，山东白酒金贵酒厂一声喊出 2.0099 亿元。秦池酒厂将投标金额抬高为 3.212118 亿元，最后又夺得了"标王"。

厂家为什么不惜重金为自己的产品做广告呢？很明显，一家企业为自己的产品做广告是为了将自己的产品打出知名度，乃至树立品牌形象。那么企业这样做的目的又何在呢？

经济学家认为广告可以向消费者提供信息。这些信息可以使顾客更好地选择想要购买的物品，从而提高市场有效配置资源的能力。经济学家哈耶克认为：许多偏好是由社会环境所创造出来的。因为每个生产者都认为，可以通过劝说使消费者喜欢他的这些产品。意思是说，企业可以通过广告来对消费者进行影响，使消费者来购买他们的商品。事实上，人们在购买商品之前，并不可能对商品进行试用。所以，根本无从得知商品的质量。而广告则能够对产品的质量进行一定的透露。

一家公司引进了一种新的早餐麦片。一般来说这种类型的广告必是某位知名演员正在喝麦片，并且感叹味道好极了。这个广告实际上提供了多少信息呢？经济学家认为，即使看起来没有什么信息的广告，实际上也会告诉消费者关于产品质量的某些信息。企业愿意用大量的钱来做广告，这本身就向消费者传递了一个提供产品质量的信号。

如果 A、B 两家企业都有新的早餐麦片即将上市，每盒销售价格为 15 元。假设成本是 6 元一盒，那么利润就是 9 元一盒。每个公司都知道，如果把 1 000 万元用于广告，就可能有 100 万消费者愿意去买自己的新麦片。而如果消费者喜欢麦片，他们就不会只购买一次，而是多次购买。

A 公司通过市场研究得知自己的麦片味道只是一般。虽然广告能使 100 万个消费者每人买一盒，但消费者很快就会知道麦片味道并不怎么好，并不再购买了。所以 A 公司就决定不会支付 1 000 万元的广告费，因此，它就不打算做广告，而是开发研究新的口味。而 B 公司则知道其麦片味道极好，尝试过的人会买更多的麦片，因此 B 公司就会投入广告费用。实际上，因为 A 的产品质量不好，难以引起市场效应，所以就不做广告，而它不做广告，消费者就更不容易得知其产品的存在。再加上竞争对手 B 公司的大力广告宣传，必然会形成一种人们选 B 公司的产品而不选 A 公司产品的局

面。企业自身的决策也会透露出自己产品的质量优劣。所以，人们通过广告来购买产品的选择是正确的。这也就促使企业愿意投入大量的费用来做广告宣传。而企业因为投入了大量的广告费用，也说明了企业有一定的经济实力，能够为消费者生产质量较好的产品。所以，人们就会选择广告投放率比较高的企业的产品。

美国钢铁大王卡耐基小时候放学回家经过一个工地，看到一个老板模样的人正在那儿指挥一群工人盖一幢摩天大楼。卡耐基走上前问道："我以后怎样能成为像您这样的人呢？"老板郑重地回答："第一，勤奋当然不可少；第二，你一定要买一件红衣服穿上！""买件红衣服？这跟成功有关吗？难道红衣服可以带给人好运？""是的，红衣服有时的确能给你带来好运。"老板指着那一群干活的工人说，"你看他们每个人都穿着蓝色的衣服，我几乎看不出有什么区别。"说完，他又指着旁边一个工人说，"你看那个工人，他穿了一件红衣服，就因为他穿得和别人不同，所以我注意到了他，并且通过观察发现了他的才能，正准备让他担任小组长。"

经济学家把这种与注意力有关的经济行为称为"注意力经济学"。广告也是注意力经济学的一种。因为广告的频繁播放，人们会注意到它的存在，然后会在大脑中留下一个印象，甚至因此而将其他企业的产品无形中屏蔽了。人们会把注意力都集中在这家企业的产品上，在进行消费时也必然会以这家企业的商品为首选。这就是广告中的注意力经济学。

总之，广告对产品质量、企业的实力都有所体现，还会影响到人们的消费选择。所以，企业愿意投入大量的广告费用，以此来提高自己的销量，达到获取更大的经济利益的目的。

6

你愿意在什么情况下省五十块钱呢

有的时候，买两件东西可以省下相同数额的金钱。按照经济活动中的人们都是理性人的原理，人们应该在两种情况下都会愿意作出省钱的决定，可事实却正相反，大部分人在大多数情况下却不愿意省钱，这到底是什么原因呢？

炎热的夏天，某人躺在海滩上，他想喝一杯冰凉的啤酒，但是又懒得动。正好有一个同伴要回酒店拿泳装，告诉他路过小卖店的时候可以帮他买一瓶。过了一段时间之后，同伴回来了，告诉他买来的啤酒价格是20元一瓶，他听后十分吃惊，小卖店的啤酒怎么可能这么贵？可是当同伴告诉他，小卖店的啤酒已经卖光了，啤酒是从酒店里买来的时候，他就认可了啤酒的价格。同样是在海滩喝一杯买来的冰啤酒，从酒店买和从杂货店买来的相同的啤酒是没有差异的，既不会因为在酒店买而享受到酒店里优雅舒适的环境，也不会因为杂货店的简陋而有任何损失，但为什么从酒店里购买的，人们就愿意支付更高的价钱，并且认为是理所当然的呢？

在生活中，我们也经常会遇到类似的事情，人们总会很坦然地接受酒店里商品的高价，在商品对自己的实际价值相同的情况下，愿意为其支付更高的价格。其实这些都是因为人们受到了无关参考价值的影响。所谓无关参考，指的是人们在购买东西时，考虑的不是与商品的价值、价格本身有关的信息，而是看似有关却实则无关的信息。比如以上文中的啤酒为例，

啤酒在杂货店里卖的价格和在酒店里卖的价格不同，但无论啤酒是在酒店里买的还是在杂货店买的，都与品尝啤酒的味道无关。因此，"酒店"或"杂货店"就是啤酒的无关的参考价。知道了"无关参考价格"的经济学原理，我们就应该清楚，消费者需要关心的是物品本身可以带来的实际效用和它现在的价格，而不是商品所在的商场与卖者的不同。

在生活中，人们在购物时总会受到"无关参考价"的影响。现在很多商品都会阶段性地降价促销，促销活动可能持续一个星期，一个星期以后，又恢复到原来的价格。等过一段时间，这个商品又会再次降价。这种阶段性降价规律适用于很多商品，很多人对此都司空见惯。比如现在有一种棉被，原来的价格是 300 元，其中有一个星期做促销，促销价格是 200 元。天气转凉以后，有两个人都到商店来买这种被子。第一个人到商店的时候被子前一天刚刚做完促销，价格刚刚从 200 元回升到 300 元；第二个人来商店的时候这种被子已经有一个多月没有做过促销了，现在按原价 300 元销售。如果这两个人都觉得 300 元的价格是符合他们心理价位的话，那么哪个人现在购买这种被子的可能性更大呢？

理性上来说，第一个人应该现在购买被子。因为上个星期刚刚做过促销，这就意味着在以后的一段时间内这一商品再做促销的可能性比较小了，可能到再促销时，已经过了需要这种棉被的季节了。而第二个人应该是可以等几天的，因为这种被子已经有一个多月没有做过促销了，那么很有可能马上就会降价了。可实际情况是，第一个人听说了被子昨天才结束促销时，马上改变购买的主意。他认为如果早一天来买，能得到 100 元的折扣，现在却按原价购买，不划算了。如果买下来，会白白损失 100 元，所以就不买了。第二个人却认为反正错过促销一个多月了，也就没什么好遗憾的，反而会倾向于当场买下被子。其实，如果理性地思考一下，上个星期是否做过促销对这种被子现在的价格和第一个人对被子的需要都是没有影响的。买或者不买的决定都不应该受到昨天促销价格这种无关价值参考的影响。

可是事实上，人们却总是受这种参考价值的影响。

再如，有一天甲在 A 商店看到一个售价 100 元的闹钟，刚想要买，他的一个好朋友乙碰巧路过这里，告诉他不远处的 B 商店有一款完全相同的闹钟正在搞促销活动，售价为 50 元。甲立刻花了 10 分钟跑去 B 商店购买了那个闹钟，节省了 50 元钱。过了几天之后，甲在 C 商店看到一款心仪已久的名表，售价为6 600元，他正打算付款购买时，恰好另一个好朋友丙碰巧路过商店，他得知甲要买这款手表后告诉他刚在不远处的 D 商店也有一款完全相同的名表，售价为6 550元。C 与 D 之间的路程也不过是 10 分钟。可是甲却没有去 D 店，而是在 C 店里买了手表。因为他觉得跑 10 分钟为了省 50 块钱，对这块表来说太不值得了。

事实上，大多数人会认为，走路 10 分钟去买 100 元降到 50 元的东西要比买6 600元降到6 550元的东西更加值得，虽然从绝对数值上来看，后者省的跟前者一样多，但是人们通常会这样考虑：100 元的闹钟降价到 50 元，那是节省了 50%，而6 600元的手表降到6 550元，降价幅度不到 1%。从经济学上来看，无论购买闹钟，还是购买手表，所考虑的都应该是商品的成本与这些商品带给自己的效用，而不是商品本身与其他商品的比较。闹钟所省下的 50 元与手表所省下的 50 元是没有区别的。所以，如果在买闹钟时，为了省下 50 元可以花费 10 分钟的时间，那么在买手表时，同样也可以为了省下 50 元而花费 10 分钟的时间。

人们之所以作出这种选择，从经济学上来讲是交易效用在起作用。所谓交易效用是指商品的参考价格和商品的实际价格之间的差额的效用。这种交易效应的存在使人们经常作出欠理性的购买决策。因为人们往往会受到一些无关参考价值的影响。所以，消费者在做决策时不应该受到成本和收益之外的东西的影响，许多看似有关的参考价值都是与决策无关的，唯一需要关注的是物品带来的真实效用和消费者购买这种商品时所付出的成本。将绝对收益与绝对成本进行比较权衡才是做决策的正确依据。

7

欧美国家的人"懒惰"的原因到底是什么

在我们的观念中，欧美人工作的时间很少，一周不到 5 天，一天不到 8 小时，整天总是想着去旅游、玩乐。因此，我们便以为欧美人很"懒"。实际上欧美人真的懒吗？他们不工作是因为都喜欢玩乐吗？

本杰明·富兰克林说过一句话："在这个世上，除了死亡和税收以外，没有可以肯定的事。"税收是国家为实现其职能，凭借政治权力，按照法律规定，通过税收工具强制地、无偿地征收参与国民收入和社会产品的分配和再分配取得财政收入的一种形式。税收以保卫国家安全，维护社会稳定，促进社会公共事业，发展社会公共建设等为主要任务，以为一国公民的生活提供福利保障等等为目标。因此可以说，税收对人类社会有着极大的影响。甚至可以说，人类的社会进程就是税收的不断演进过程。以美国为例，1776 年，北美殖民地人们因为无法忍受不给北美殖民地人民选举的权利并向人民征收高额税赋的英王乔治三世，于是引发了美国革命，最终导致了北美殖民地脱离英国，独立成为美国。1981 年，罗纳德·里根以大幅度降低个人所得税为竞选纲领而当选总统，而且在他入主白宫的 8 年期间，个人所得税的最高税率从 70% 下降为 28%。而在 1992 年，比尔·克林顿当选总统的很大一部分原因就是当时的总统乔治·布什并没有遵守他在 1988 年大选中的诺言："相信我的话：没有新税"。美国的历史，就是一部税收的历史。难怪学者奥立佛·温德尔·赫尔姆斯会说："税收是我们为文明社会所付出的代价。"

乍看起来，税收对福利的影响似乎是显而易见的。政府征税是为了筹集收入，而这种收入必然出自进行经济活动的人们的口袋。毫无疑问的是，当对一种物品征税时，买者和卖者的状况都会变坏：税收提高了买者支付的价格，并降低了卖者得到的价格。这就使得一些人退出交易，因此税收造成了无谓损失。所谓无谓损失，是指当税收（或其他政策）扭曲了市场结果时所引起的总剩余的减少。而总剩余是指消费者剩余和生产者剩余的总和。也就是说两人对同样的物品或劳务的价格评价。比如，A 要卖给 B 一台电脑。A 对自己电脑的评价，也就是愿意出售的价格为 5 000 元，而 B 对电脑的评价，也就是愿意支付的价格为 6 000 元。结果二人以 5 500 元的价格成交。A 与 B 两人从交易中各获得了 500 元的剩余，总剩余为 1 000 元。

如果有税收，那就不同了。假如甲为乙打扫房间每周得到 100 元。甲所付出时间的机会成本是 80 元，乙对打扫房间的评价是 120 元，那么甲和乙两人从他们的交易中各得到了 20 元的利益，我们可以用总剩余 40 元衡量这一交易带来的好处。现在假设政府对打扫房间服务的提供者征收 50 元的税，那么没有一种价格能使甲、乙二人在纳税之后状况变得更好。乙愿意支付的最高价格是 120 元，但这时甲在纳税之后只剩下 70 元，小于他 80 元的机会成本。相反，如果甲得到他的机会成本 80 元，乙就必须支付 130 元，这大于他对打扫房间的评价 120 元。结果，甲、乙二人只好取消了他们的交易。甲没有收入了，而乙生活在肮脏的房间里。税收使甲和乙的状况总共变坏了 40 元，因为他们每人失去了 20 元的剩余量。同时，政府也没有从甲和乙那里得到税收收入，因为过高的交易成本使他们决定取消他们的交易。这 40 元就是纯粹的无谓损失。从这个例子中，我们可以得出一个结论：税收引起无谓损失是因为它使买者和卖者不能实现某些贸易的好处。

在我们的观念中，欧美人工作的时间很少，一周不到 5 天，一天不到 8 小时，整天总是想着去旅游、玩乐。因此，我们便以为欧美人很"懒"。

实际上欧美人真的懒吗？他们不工作是因为都喜欢玩乐吗？事实并不是如此。2003年的《华尔街日报》上刊登的一篇名为《美国可能走上欧盟的高税收之路》的文章，很好地回答了这个问题：

美国人在经济上比欧洲人更强，部分原因在于他们工作得更多，这种差异往往被归因于文化差异：美国人想消费更多，而欧洲人想享受更多闲暇。

但是在20世纪70年代，法国人的工作时间比美国人长，他们现在的工作时间减少了1/3，原因不是向往美好的生活，而是为了逃避欧洲的税收，包括工薪税。但美国人不能沾沾自喜：如果不能解决社会保障和医疗保险制度方面隐现的危机，他们也会走上同样的高税收之路。

明尼苏达大学的普莱斯考特教授说，欧洲的高税收使得雇佣劳动代价高昂，尽管扣除税收后的净收入也许并没有增加多少。税收负担越重，雇主就越难用薪金吸引人参加工作，人们就更愿意领取政府津贴、读书或提早退休。他说，从20世纪70年代初期到90年代中期，法国的税率从49%上升到59%，而美国的税率则保持在40%。结果是，20世纪70年代早期处于工作年龄的法国人平均每周的工作时间是24.4小时，比美国人多1小时。到20世纪90年代中期，法国人平均每周的工作时间减少为17.5小时，而美国人平均每周的工作时间增加到25.9小时。

几个主要工业化国家的工作时间与税率之间的关系是相似的。在税率比美国还低的日本，工作时间更多，而在税率最高的意大利，工作时间最少。20世纪初，当税率差别缩小时，工作时间的差别也缩小了。欧洲给美国更为重要的教训可能是没有为婴儿时的出生者准备退休时的支出的代价。白宫预算办公室说，在未来几十年中承诺的社会保障和医疗保障方面的支付要比将得到的收入多18万亿美元，而且，还不包括布什总统和议会想要通过的昂贵的新处方药的福利提案。要在不削减任何福利的情况下弥补这一差额，就要求社会保障医疗工薪税的总额增加7.1个百分点，而现在已

是 15.3％ 了。

由此可见，因为税收太高，人们的薪资在缴纳个人所得税之后几乎所剩无几。所以，越来越多的欧美人选择不去工作，而是去做其他的事情，也就是我们所看到的旅游、休闲活动，而不是勤勉地去工作。实际上，欧美人之所以看起来有些"懒惰"，是因为税收造成了无谓损失，没有任何人想劳而不得，没有人愿意做成本低于收益的事，所以，他们作出这样的选择也就不足为奇了。

8

为什么你对轩尼诗 XO 涨价漠不关心，
却对猪肉涨价十分惊讶

轩尼诗 XO 是世界著名的酒类品牌，价格非常昂贵，如果再涨价，消费得起的人似乎就更少了，可是却没有多少人在意。而猪肉的价格再涨也不如轩尼诗 XO 的价格，但是却引起了广泛的关注。这到底是怎么回事呢？

有一个笑话说，只要你教会一只鹦鹉说"供给与需求"，它也能成为经济学家。其实这个笑话正好反过来说明了"供给与需求"的重要性。在市场经济条件下，供给与需求可以说是市场的全部。人们在进行交易时，商品的价格也是由供给与需求来决定的。

2007 年的时候，网络流传一则笑话：沙僧对孙悟空说，大师兄，听说二师兄的肉比师父的还贵了。2007 年 1 月，国内粮油价格上涨，涨幅高达 20％，到 5 月份猪肉价格上涨 26％，鸡蛋上涨 37％，到 11 月份，涨幅从

20%涨到60%，并且还一直在上涨。这在全国引起了极大的反应。而轩尼诗XO的价格无论何时上涨都没有引起过人们的广泛关注，这是为什么呢？

从经济学上来说，人的消费品分为必需品、替代品、互补品和奢侈品。必需品是指人们生活中所必需的物品，最常见的便是水。而替代品则是指，因为一种物品的价格上升而引起的另一种物品需求量增加的物品。这两种物品互为替代品，比如大米与面粉。互补品则是指当一种物品的价格下降引起另一种物品的需求量增加时，这两种物品被称为互补品。互补品是指那些经常同时使用的成对物品，例如汽油与汽车、电脑与电脑软件等等。而奢侈品则是指一些高档的消费品。消费这种商品的人都是有着相当财力的人。对于普通人来说，这种物品也不是必需的。

猪肉的价格上涨关系到几乎所有人的生活。因为猪肉是人们生活的必需品。而且是不可替代的。当然，人们也可以以牛肉、羊肉来替代，但是牛肉、羊肉无法长期代替猪肉。并且如果能够替代，也同样会产生问题。因为猪肉价格的上涨，必然会带动其他肉类价格的上涨，根本无法替代。因此，当猪肉价格上涨时，人们的反应是相当激烈的。

那为什么轩尼诗XO的价格上涨不会引起人们的关注呢？很明显，轩尼诗XO是一种奢侈品，一般人消费不起，所以关注的人也就少了。而且，酒类商品还是具有很大的替代性的。轩尼诗XO涨价了，消费这种商品的人可能会去选择人头马，或者马提尼等等名贵酒类商品。而且，因为消费这种商品的人一般都极具财力，所以即便轩尼诗XO涨价，对他们来说，也不会像猪肉涨价一样有着太大的影响。所以，人们就不会过于关注此类商品的价格问题。

商品的价格变动是市场的基本状态。因为供给与需求会受到各种因素的影响，不会始终一成不变。很多商品会因为供需的变化而价格产生波动。大多数商品会因为价格的上涨而销量下降。人们会因为生活必需品价格的上涨而减小对其需求量，或者寻找其他的商品代替。比如，白菜的价格上涨后，人们就会去多买些土豆或者其他的蔬菜；或者黄油的价格上涨，人们就会选择去购买人造黄油来代替；洗衣粉的价格上涨，人们会选择购买肥皂等。

在人们的生活必需品中，有一种物品被称为低档物品。这种物品随着人们收入的增多而减少。比如当一个人月收入为3 000元的时候，他会选择的主要交通工具是公交车或者地铁，但是当他的收入达到万元以上时，就会减少坐公交车或地铁的量，而是选择打车或者自己去购买私家车。而如果收入突然又降下来了，则又会重新选择费用低廉的交通工具。而在这些低档的商品中，有一种特殊的商品却因为价格的上涨而增加。这种商品被称为"吉芬物品"。所谓"吉芬物品"是指一种特殊的低档物品。作为低档物品，吉芬物品的替代效应与价格呈反方向变动。吉芬物品的特殊性就在于，它的收入效应的作用很大，以至于超过了替代效应的作用，从而使总效应与价格呈同方向变动。

经济学上用来解释这一物品的经典例子就是土豆与牛肉的关系：对于过去的西方人来说，土豆是一种廉价的主食，当土豆和其他食物，比如肉类的价格稳定时，穷人消费土豆的量是一定的，但是一旦土豆价格下降的时候，由于土豆价格便宜了，所以花比原来更少的钱就可以买到和原来一样多的土豆，一般来说穷人的生活是没有什么结余的，因为土豆降价了，他们就没必要买跟原来一样多的土豆，这个时候他们很可能会选择减少土豆的需求量，而是用省下来的钱去购买比土豆昂贵的替代品。比如，原来一天只吃 10 个土豆正好吃饱，现在土豆降价了，只买 8 个，省下的钱正好可以买一块肉回家。在这个时候，如果土豆的价格反弹，再跟原来一样贵，那么穷人马上就会回到原来的消费结构上去。土豆在这里就是吉芬物品！

总之，生活中人们所需要的物品可分成以上几类。这些商品对人们的生活起的作用是不同的。而我们在购买商品时，如果能够更确切地知道这种商品对我们的生活影响，就会更好地进行消费，更理性地作出自己的决策。

9

为什么人们愿意为电影票埋单而不愿意花钱看烟花

电影与烟花都能够给人们赏心悦目的感觉，都会使人感觉到美。可是人们都愿意花钱买票去看电影，但是却不愿意为看烟花花一分钱。为什么对人们来说，都具有效用的商品却又受到如此不同的"待遇"呢？

如上所述，我们的消费品被分成必需品、替代品、互补品和奢侈品等几种。这样分类主要是由于消费品对于人的作用，以及人们的消费偏好。但是经济学上对于物品的分类还有另一种。社会上的一切物品被分为四种：私人物品、公共物品、公有资源和自然垄断的物品。

私人物品是指在消费中既有排他性又有竞争性的消费品。排他性就是指一种物品具有的可以阻止一个人使用该物品的特性；竞争性是指一个人使用一种物品将减少其他人对该物品的使用的特性。例如一支雪糕具有排他性是因为可以阻止某个人吃它，只要不让他得到这支雪糕就可以。而雪糕具有竞争性则是因为如果你吃了这支雪糕，另一个人就不能吃到同一支雪糕了。在经济学中，大多数物品都像雪糕一样属于私人物品，但是要得到它，你需要付出一定的代价——金钱或者劳务，不然就得不到，而一旦你得到了这一物品，你就是它的唯一获益者。

公共物品则是指在消费活动中，既无排他性又无竞争性。也就是说，不能阻止人们使用一种公共物品。而且一个人享有一种公共物品并不能减少其他人享有可能由它带来的益处，比如天气预报。一旦天气预报播出之

后，要阻止任何一个人听到它都不可能，所以说它不具有排他性。而当一个人得到天气预报的益处时，并不会减少其他人得到天气预报的益处，所以说这种物品不具备竞争性。

公有资源是指在消费中有竞争性但是没有排他性的物品。如在海洋中的鱼群就是消费中的一种具有竞争性的物品：当一个人捕到鱼之后，必然会使其他人能够捕捞的鱼减少了。但是这些鱼并不是排他性物品，因为在如此大的海洋中，阻止渔民捕捞是不可能的。

而自然垄断的物品则是一种更特殊的物品。它在消费中具有排他性，但是不具有竞争性。最明显的例子是消防。如果某地发生了火灾，要排除他人使用消防物品是很容易的，只要消防部门袖手旁观，让火继续烧下去就可以了。但是消防在消费中不具有竞争性：因为消防部门花的是纳税人的钱，多保护一所房子与少保护一所房子对他们来说是没有区别的。

知道物品的这种分类方法，我们再回头来看为什么人们愿意花钱买电影票而不愿意花钱看烟火表演，就一目了然了。人们愿意为电影票埋单，是因为电影票属于私人物品。一张电影票一个人用去看电影了，其他人就没法再用了，是具有排他性的。而对于一部电影来说，虽然不具有竞争性，谁都可以看，但是电影票却是具有竞争性的，因为电影院的座位是一定的，一张票对应一个座位，所以一个人买了一张票，就会使其他人失去了得到这张票的机会，而且还会使其他人买别的票的机会降低。所以说，给电影票埋单是很正常的。对于每个人来说，都是很容易理解的。

但是为什么人们愿意花钱买票看电影，却不愿意给看烟花埋单呢？美国一个小镇的居民喜欢在 7 月 4 日晚上观看烟花。根据调查，全镇 500 个居民中的每个人对观看烟花的平均评价是 10 美元，也就是说他们从理论上说，愿意支付 10 美元的价值来观看烟花。而实际上，燃放烟花的成本则为 1 000 美元。

小镇居民汤姆认为这是一个商机，因为收益减去成本还有 4 000 美元的

利润。所以，他决定举行一场烟花表演。可是当他在卖烟花观看门票时，遇到了始料未及的麻烦，几乎没有人来买他的门票。大多数人认为，即使不买门票，他们也能看得到烟花，因为烟花没有排他性。所以，这就激励人们不会花钱去看烟花，而愿意成为搭便车者。结果汤姆的生意赔钱了。因为烟花不用花钱也能看得到，所以，就不会有人愿意为此付钱。烟花可以说是一种公共物品。既无竞争性，又无排他性。这就是人们不愿意为烟花付费的原因。

再深究一步，其实公共物品是可以转化为私人物品的。比如灯塔的作用是用来标出特殊的地点，以便过往的船只可以避开有暗礁的水域。灯塔为船长提供的利益既无排他性，又无竞争性，因此，每个船长都有搭便车的激励，既可利用灯塔导航而又无须为这种船务付费。由于这个搭便车的问题，私人市场通常不能提供船长所需要的灯塔。因此，现在的大多数灯塔由政府经营。但是在19世纪的英国海岸上有一些灯塔却是由私人拥有并经营的。只是当地灯塔的所有者并不向享用这种服务的船长收费，而是向附近的港口所有者收费。如果港口所有者不付费，灯塔所有者就关掉灯塔，而船只也就会避开这个港口。因此，港口所有者为了招揽船只，就必须要向灯塔所有者付费。这样，作为公共物品的灯塔就变成了一种私人物品。

总之，生活中的许多物品对人们的生活起着不同的作用。而且这些物品在一些情况下是会转变的，所以，我们每个人都应该对物品的特性有一定的了解，这样就会更有利于我们对自己的经济行为作出决策。

投资篇

TOUZIPIAN

1

星巴克咖啡连锁店成功的秘诀是什么

咖啡在西方成为饮料已经300多年了，各地咖啡店也非常多，但是没有人想到通过开咖啡店会成为亿万富翁。但是美国人霍华德·舒尔茨却不仅想到了而且做到了，他是怎么把一个传统产业做成世界知名企业的呢？

咖啡最先起源于10世纪的埃塞俄比亚，后来传入中东，到16世纪的时候，由威尼斯商人带入意大利，经过英国东印度公司的海外贸易于17世纪初传入英国、荷兰等其他西欧国家，并迅速成为西欧的时尚饮料。咖啡馆也随之成了人们社交、休闲的场所。因此开咖啡馆也是一种很赚钱的生意。在1675年的时候，仅英国境内就已经有3000多家咖啡馆了。英国清教徒移民北美大陆的时候，理所当然地把咖啡也带到了北美。在17世纪末，北美大陆的纽约、波士顿等地也到处都是咖啡馆。咖啡馆在西方国家中已经有300多年的历史了，其数量早已成千上万，无数人都尝试过开咖啡馆，也赚过钱。但是在这300多年的时间里，没有一个人能够因开咖啡店而成为亿万富翁。这种局面直到1985年才被打破。

1985年，美国人霍华德·舒尔茨成立了星巴克公司的前身，在短短20多年就创造出巨大的奇迹。星巴克一周内在全球各地销售4 000多万杯咖啡饮料，每月销售差不多两亿杯，以每杯3美元算，仅咖啡销售每月收入就能达到6亿美元！霍华德·舒尔茨成为拥有市值254亿美元的富翁。为什么300年来没有人做到的事，霍华德·舒尔茨却做到了呢？

从经济学上来说，星巴克成功的秘诀在于规模经济。所谓规模经济就是指长期平均总成本随产量的增加而减少的特性。也就是说随着规模的扩大，每新开一家分公司，每生产一单位的新产品，其平均成本就会更低，而收益也就会越高。企业就会形成一种规模经营，以超大规模来赚取更多的利润。在很多行业中，规模经济都存在并发挥着巨大的作用。

有"经营之神"美誉的台湾企业家王永庆在20世纪50年代成立了台湾塑胶工业股份有限公司（即"台塑"）。但是由于受到台湾需求有限的制约，台塑在20世纪60年代的产量很低。当时，台塑每月仅产100吨聚氯乙烯，是世界上同类企业中规模最小的。后来，王永庆发现自己的企业已经陷入了一种恶性循环：产量越低，成本就越高，结果就越打不开市场；而越打不开市场，产量就越低，结果成本就越高。他意识到，打破这个循环的关键就是提高产量，降低成本。于是，王永庆冒着产品积压的风险，购买了当时最先进的设备与技术，扩大企业规模，把聚氯乙烯产量扩大到1 200吨。结果，台塑的生产成本大幅度下降，从而具备了进入世界市场，以低价格与其他企业竞争的能力。可以说台塑集团的成功就是规模经济的结果。

在一定情况下，当企业扩大生产规模提高产量时，其平均成本不但不会增加，反而会减少，这就是"规模经济"。亚当·斯密曾这样描述过一个针厂的生产流程：一个人抽铁丝，另一个人拉直，第三个人截断，第四个人削尖，第五个人磨光顶端以便安装圆头；做圆头要求有3道不同的操作。此外，装圆头是一项专门的业务，把针涂白是另一项；甚至将扣针装进纸盒中也是一项固定的工序。这样，制针这一完整的工作就分成了18道不同的工序。正是由于这种专业化，工厂里的每个工人平均每天可以生产几千枚针。但如果独立工人分别工作，或许一天连一枚也造不出来。

工人之间的专业化和它所带来的规模经济，给亚当·斯密留下了深刻的印象。他进一步指出，专业化分工所引发的生产效率的巨大提高，是由

三个原因导致的：第一，增加了每个工人的技术熟练程度；第二，节省了从一种工作转换为另一种工作所需要的时间；第三，发明了许多便于工作又节省劳动时间的机器。

事实上，亚当·斯密在针厂观察到的专业化，在现在的社会经济中普遍存在。假如，人们想盖一所房子，当然可以自己去做每一件事。但是几乎没有人会做这样的决定，而是选择去找建筑商，而建筑商又雇佣木匠、瓦匠、电工、油漆工和许多专业型工人。这些工人专门从事某种工作，专业造就卓越，提高了工作效率，增加了商品产量，提高了产品质量，使企业不断地扩大。而各人专注于自己的领域，也会慢慢地提高技术，扩大规模，成为一种规模经营模式。

从这一点上来看，星巴克的成功，规模经济居功至伟。今天，星巴克差不多拥有13 000家分店，它所雇佣的都是专业人士，所用的器具也都是非常专业化的器具。其平均成本也相当的低，所以就会遍及全球，有广大的消费群体，因此造就了仅咖啡销售每月净挣6亿美元的奇迹。当然，星巴克的成功也有其他方面的一些原因，比如经营理念、咖啡店址的位置、品牌形象等等，但是从成本上来说，它是规模经济取得成功的典范。

2

为什么有的企业越是做大，反而越不能做强

从上文的经济学原理中可以得出，企业规模越大，生产越多就会越赚钱，可是著名经济学家郎咸平却说："在一个竞争激烈的环境里，企业试图通过做大而做强，它的命运就是一个失败的开始。"难道规模经济是错误

的，难道有了规模反而"不经济"了？

有这样一家企业，是我国调味品行业中比较知名的民营企业，公司老板是一个思维敏捷、行事练达的企业家，在短短几年的时间内，公司就由一个小作坊发展到千余员工的大中型企业。在有了一定的知名度之后，那位企业家觉得应该抓住机会，扩大规模，取得规模优势。在经过近一年的投资拼搏，企业规模几乎翻了一倍，可是同时，公司的经济效益却有所下降。公司老板感到困惑：为什么规模大了，经济效益却降低了呢？难道企业做大了却不能做强吗？

著名经济学家郎咸平对这种现象有过如下的说法："在一个竞争激烈的环境里，企业试图通过做大而做强，它的命运就是一个失败的开始。我到今天几乎没有看到哪一家企业是通过做大而做强的。"

郎咸平以华润、北京控股和青岛啤酒三家有 H 股的企业为例来佐证自己的观点。华润从 1998 年开始创业到 2004 年总资产由 400 亿左右上升到 600 亿，但是总资产回报率从 5% 跌到 3%。北京控股在同样的时间里总资产由 120 亿元上升到 180 亿元，总资产回报率却由 4.5% 跌到了 2.6%。青岛啤酒提出了做大做强的战略，在 1993 年到 2001 年间，青岛啤酒总共在全国收购了 43 家啤酒厂，青岛啤酒 1993 年在香港登陆 H 股，在内地上市 A 股。但是最后股价却由 8 元跌到 1 元左右，资产收益率从 1993 年的 12% 跌到了 2001 年的 3%。

由此他得出的结论是："在今天中国竞争如此激烈之下，要做大就可能造成成本失控。北京控股、青岛啤酒都是在扩张中成本大幅上升。企业不应该乱投资，而应静下心来考虑精益求精。中国未来第二代企业家应是懂得控制成本的一步步经营的企业家。我只看到做强才能做大。"

看到这里，有些人可能会感到十分困惑：上文不是还说星巴克、台塑是靠规模经济做大做强的吗？怎么现在又不行了？实际上二者并不矛盾，

从经济学原理上来说，有些企业可以通过做大而做强，而有些企业的确不能通过做大而做强。除了"规模经济"外，经济学中还有"规模不经济"的原理。所谓规模不经济是指长期平均总成本随着产量的增加而增加。规模越大，成本越高，致使公司利润率不断缩小，甚至导致最后的失败。通常情况下，企业在进入某个行业时需要达到一定规模后，单位生产成本才会下降，形成竞争力。但如果规模继续扩大，有可能会使单位生产成本增加，如必须新增大量人工成本、增加营销和管理的费用来支撑更大的销售规模，以及由于需求走高导致原材料供给出现紧张、采购价格上涨等等。

一家企业的生产规模是可以在短时间扩大的，但管理却是一个循序渐进的过程，是很难在短短的时间内就会有较大的飞跃，也就是说管理跟不上规模扩张的步伐。管理学家弗兰克·奈克有一句经典的论述："在处理和管理复杂事物中，企业家的能力是很有限的。"因为大企业必然要比中小企业复杂得多，企业规模的扩大，必然会导致出现经营管理上的极限。也就是说，企业规模的扩大，必然伴随组织规模的扩大，组织规模的扩大，必然伴随企业人员的增加，人员的增加又必然会要求管理层次的不断增加。此时，如果企业的管理方式、管理手段和管理理念没有跟上，还只是沿着过去的经验和方法来进行，那么企业管理的效率就必然会下降，也就必然会给企业带来管理成本的上升，致使企业管理的总成本增加，导致规模不经济。

报纸的发行也是一个很好的例证。一般情况下，省级以上有影响力的报纸发行量一般都比较理想，报纸的发行量越大，单份报纸的成本就越少，但是如果发行量无限制地扩大，也会产生规模不经济问题。因为报纸的主要收入靠广告，一期报纸的广告收入是固定的，超过了一定的规模，就会出现单份报纸成本、发行和管理费用增多的现象，就会出现规模不经济。

格兰仕强势介入空调、冰箱制冷业就是一个"规模不经济"原理在起作用的例子。在企业发展的初期，格兰仕一直坚持以微波炉为主，进行专业化生产。20世纪末，格兰仕已经是全世界微波炉的第一大生产商，但是

格兰仕的生产极限是1 200万台，因为按照当时的速度，两年之内就会出现微波炉饱和的局面。格兰仕已经将微波炉产品规模化生产达到了平衡，因为全世界的消费能力基本上也就是1 500万台，如果再扩大生产，就会出现单台所摊费用增加、库存增加、销售费用增加的局面，最终会造成规模不经济的现象。因此，一向以专注专业化著称的格兰仕不得已也实行了多元化，于是2000年格兰仕正式宣布，将一次性投入20亿元进军制冷行业，形成800万台空调的年生产能力，从专业化迈向多元化。

当企业的规模扩大之后，企业对外与市场的协调成本也就会越来越高，内部运行机制的协调难度也就会越来越大，再加上管理与指挥系统的复杂化，信息的上传下达速度的减慢，管理效率也就会大大地降低，边际收益也会跟着下降，甚至会出现负的效益，这样就必然会出现规模不经济的现象。随着企业规模的扩大，内部结构的复杂性增强，这种复杂性是要消耗能量和资源的，这种消耗使规模扩大带来的好处相互抵消，化为乌有，所以规模就不经济了。

3

为什么有人说炒股就是"博傻"

在资本市场中，人们之所以完全不管某个东西的真实价值而愿意花高价购买，是因为他们预期会有一个更大的笨蛋会花更高的价格从他们那儿把它买走。也就是说，只要认为自己不是最傻的人，就会投资，而如果能找到比自己更傻的人，就一定能赚钱。但是这种行为能够保证自己一直都赚钱吗？

　　经济学家吴敬琏在一次访谈中说："炒股不创造财富，只是财富的再分配，是把钱从这个人的口袋里拿到那个人的口袋里罢了，炒股如果能增加财富，就如同一个人想抓着自己的头发离开地球一样，是很荒唐的。"

　　从经济学的角度来看，股票市场本身并不直接创造财富。股票创造财富是由于其融通了资金。投资如果有效率，随着投资的增长，财富才能够创造出来。并不是股票市场中买与卖之间就能使得社会创造财富。那么为什么有人能够通过炒股而一夜暴富，有的人因为炒股而一夜之间就倾家荡产呢？

　　正如吴敬琏所说，炒股就是把别人口袋里的钱拿到自己的口袋里。实际上，炒股就是一种"博傻"。所谓"博傻"是指在资本市场（如股票、期货市场）中，人们之所以完全不管某个东西的真实价值而愿意花高价购买，是因为他们预期会有一个更大的笨蛋会花更高的价格从他们那儿把它买走。也就是说，只要认为自己不是最傻的人，就会投资，而如果能找到比自己更傻的人，就一定能赚钱。但是如果再没有一个愿意出更高价格的更大笨蛋来做你的"下家"，那么你就成了最大的笨蛋。因此，任何一个投机者信奉的都是"最大的笨蛋"理论。

　　1720 年，在英国，一个无名氏创建了一家莫须有的公司。自始至终无人知道这是一家什么公司，但认购时近千名投资者争先恐后把大门挤倒。没有多少人相信它真正获利丰厚，而是预期有更大的笨蛋会出现，价格会上涨，自己能赚钱。饶有意味的是，牛顿参与了这场投机，并且最终成了最大的笨蛋。他因此感叹："我能计算出天体运行，但人们的疯狂实在难以估计。"

　　"博傻理论"这一投资理论是由经济学家凯恩斯发现的，并且他还是应用这一理论的个中高手。为了能够专注地从事学术研究，免受金钱的困扰，凯恩斯曾出外讲课以赚取课时费，但课时费的收入毕竟是有限的。于是他在 1919 年 8 月借了几千英镑去做外汇投机生意。结果在只有 4 个月的时间里，他就净赚了 1 万多英镑。但是 3 个月之后，凯恩斯把赚到的钱赔了个精光。7 个月后，凯恩斯又涉足棉花期货交易，又大获成功。凯恩斯把期货品种几乎做了个遍，而且还涉足股票市场。到 1937 年时，他就积攒到了一生都花不完的巨额财富。

凯恩斯打比方说，资本投资可以类比为报纸举办的"选美"比赛。如果让一个人从 100 张照片中选出 6 张最漂亮的面孔，谁的答案最接近全体参选者的标准就会获奖。这时参选者所考虑的不是自己对这些脸的评价，而是预计一般人的审美观来决定自己的选择，哪怕答案中的脸是自己认为丑陋不堪的。因为漂亮是一种比较抽象的概念，每个人的标准都不同，所以我们发现当今世界最美丽的模特其实并不具备完美状态，而只是接近完美。其实，股票市场也是如此，人们所遵循的也是这个策略。"博傻理论"所要揭示的就是投机行为背后的动机，投机行为的关键是判断"有没有比自己更大的笨蛋"，只要自己不是最大的笨蛋，那么自己就一定是赢家，只存在赢多赢少的问题。

1630 年前后，荷兰人培育出了一些新奇的郁金香品种。这种郁金香的颜色和花型比其他的品种都好，所以深受人们的欢迎。典雅高贵的郁金香新品种很快就风靡了欧洲上流社会。当时在礼服上别一枝郁金香已经成为了一种最时髦的服饰。贵夫人在晚礼服上佩戴郁金香珍品成为显示地位和身份的象征。于是王室贵族以及达官贵人纷纷争相购买最稀有的郁金香品种。特别是在法国盛行的奢侈之风把郁金香的价格逐渐抬高起来。在 1635 年秋季，荷兰名贵品种郁金香的价格节节上升，巴黎一枝最好的郁金香花茎的价钱相当于 110 盎司的黄金。

到 1634 年以后郁金香的市场需求量更是大幅地上升。1636 年 10 月之后，不仅珍贵品种的价格被抬高，几乎所有的郁金香的价格都飞涨不已。1637 年年初，荷兰市场上郁金香的价格被抬高了十几倍，甚至几十倍。郁金香花达到了空前绝后的辉煌。但是一些清醒的人开始认识到了自己的狂热，到 1637 年 2 月底，一些投资者开始逐渐意识到郁金香交货的时间就快要到了。一旦把郁金香的球茎种到地里，也就很难再转手买卖了。他们就

开始怀疑，花这么大的价钱买来的郁金香球茎究竟能值多少钱？结果很多人被吓出了一身冷汗，觉得前不久还奇货可居的郁金香合同现在一下子就变成了烫手的山芋。一些持有郁金香合同的人宁可少赚点钱也要抛给别人。在人们的信心动摇之后，郁金香价格立刻就开始下降。价格下降导致人们进一步丧失对郁金香市场的信心。后来价格急剧下降，有些名贵品种的郁金香价格狂跌到最高价位的0.005%。持有郁金香合同的人迫不及待地要脱手，可是，在这个关头很难找到"傻瓜"。恶性循环的结果导致郁金香市场全线崩溃，结果很多人都成了最大的傻瓜，赔了个精光。

荷兰郁金香市场崩溃的原因就是因为人们过于相信自己能够找到比自己更傻的人，但是最后却没有找到，结果很多人花了巨大的资金买到了根本不值钱的东西，导致了经济泡沫的出现。

而股票市场跟这种期货市场是十分相似的。因为股票本身并不创造价值，人们想要从股市中赚钱，就是要通过比比谁最傻，去把别人口袋中的钱拿到自己的口袋中。股民大都在无形中抱着这样一种心态：不怕股票的价格越来越高，只要有人愿意比我出更高的价格买走我手中的股票，我就会赚钱。只要我不是最后的那个傻瓜，我就是聪明的赚钱者。但是很多人一不小心就成了最傻的笨蛋，"博傻"失败，最终将辛辛苦苦赚来的钱都赔光。

4

为什么一家小餐馆在中午没有几个客人
光顾的情况下也一直营业

在生活中我们经常会看到这样一种现象：在午餐的时候，走进一家餐

馆吃饭时，却发现这家餐馆的生意很冷清，几乎没有几个人。这几个顾客的收入不可能收回餐馆的经营成本。那么为什么老板还是继续营业呢？

成本与收益是经济学的一大问题，所以我们都知道，在作出是否营业的决定时，企业所有者考虑的是企业的总成本问题。而企业的总成本是由固定成本与可变成本组成的。固定成本是指企业即使不进行生产也需要付出的成本。固定成本不随着产量的变动而变动。比如一家工厂的厂房，不论工厂进不进行生产都会有厂房的成本付出。而可变成本则是指企业进行生产才付出的成本，也就是指一些随着企业产量的变动而变动的成本。对于企业来说，如果进行生产就需要购买原材料，而原材料的多少就会随着企业的生产而变动。这就是一种可变成本。

对于餐饮老板来说，无论他营业与否，有一些成本是必须要支付的，这些固定成本包括：租金、厨房设备、桌子、盘子等等。在午餐时，如果老板觉得人少就停止营业，这些成本并不会减少。换句话说，这些成本属于沉没成本。所谓沉没成本是指，当成本已经发生并且无法收回时，这种成本就是沉没成本。如果企业不能通过停业生产与营业来收回固定成本，这种成本在这一段时间内就被称为沉没成本。

沉没成本对企业与个人的经济决策有着很大的影响，它经常会影响人们作出不利于自己的决策。比如公司为了奖励员工一年的努力，在年末的时候发给员工每人一张音乐会门票，位置在前排中间，价值800元。某员工很喜欢听音乐会，所以十分高兴得到这张票。可是在开音乐会的那天突然来了暴风雪，路面积雪严重，所有公共交通工具都暂停使用，但是音乐会照常进行。如果步行，只需要半小时就能到达音乐会举办的地方。但是他觉得这是公司发的票，不值得冒着暴风雪走半小时的路去听，所以就选择不去了。可是同样是这场音乐会，也同样遇上了暴风雪的麻烦。同一个人，因为是自己花了800块钱买的音乐会的票，他却选择了步行去听音乐会。

　　仔细想一想，前一个人的做法是不理智的。因为公司发的票也是800元，而自己花钱买的也是800元。公司发的票没有花个人的时间，所以不值得冒雪步行半小时去听；而自己买票花了一个小时的时间和800元钱，所以就一定要去。这种做法是理智的吗？实际上，这样的决策是错误的，至少是很不理性的决策。因为不管自己买票时花了多少时间，都已经花了，而且是绝对不可能收回的了。所以，如果选择去，在两种情况下都去，如果选择不去，就在两种情况下都不去。

　　之所以出现这种不理性的决策行为，是因为人们受到了沉没成本误区的影响：人们在决定是否去做一件事情的时候，不仅要看这件事情对自己有没有好处，而且也看过去是不是已经在这件事情上面有过投入。这些已经发生的不可以收回的支出，如时间、金钱、精力等都是人们已经付出的沉没成本。

　　从理性的角度来说，沉没成本是不应该影响我们的决策的。当我们决定是否去听音乐会时，应该站在现在的角度，判断去听音乐会给自己带来的效用是否足以弥补去听音乐会所需付出的成本，比方说冒着狂风暴雨还可能会得感冒等等。如果你认为听音乐给你带来的精神享受超过可能因为狂风暴雪而生病的危险，那么不管音乐会的票是从何而来，你都应该冒着风雪走半小时的路去听音乐会；反之，如果你觉得在这样一个恶劣天气里走路去听音乐会是一种得不偿失的行为，那么你就应该决定不去，这与音乐会门票的来源没有任何关系。一个理性的决策者在做成本收益分析的时候是不应该把沉没成本算在内的，因为过去的不能挽回，既然不能挽回，就不能对现在产生影响，就应该让它过去，在决策时应将其忽略。就音乐会而言，不管是去还是不去，钱都已经花了，不管花多花少，都不应该成为影响人们后来决策的因素。在这种情况下，所要考虑的仅仅是听音乐会本身所带来的收益和从现在起去听音乐会所要花费的成本哪个更大。考虑这两个因素之后作出的决定，才是理智的决定。

在现实生活中，一些与经济行为看似无关的事情，有时也会考虑到沉没成本的问题。比如有人乘船从海上经过，突然刮来一阵风，把他的帽子吹到海里去了。这个人却一副若无其事的样子，仍然低着头看报纸。有人就提醒他说："先生，您的帽子被风吹到海里去了。"那位先生说："是呀，我知道帽子被风吹到海里去了。"说完继续看他的报纸。提醒他的人很惊讶地问："你的帽子可是新买的，据我所知值好几十美元吧，怎么你好像一点也不心疼啊？"那位先生说："我怎么能不心疼呢？我只是在想，应该怎样省钱再买顶新的。帽子丢了是心疼，可是心疼也不能把帽子找回来，不如想办法再买顶新的好。"这个人也是在无形中运用了将沉没成本不予考虑的思考方式，而另一个人则还在考虑沉没成本。

因此，餐馆老板决定要不要营业，不是考虑其固定成本的多少，因为固定成本在此时已经变成了沉没成本。餐馆老板考虑的是可变成本——增加的食物价格和增加的店员工资。如果可变成本带来的收益大，餐馆就要营业；而如果从顾客得到的收入少到不能弥补餐馆的可变成本，那时老板才会在生意清冷的中午时关门歇业。

5

为什么医药公司更愿意研发治疗富贵病的药
而不愿意去开发救人性命的药

医药公司宁愿花钱研制治疗富贵病的药，也不愿意研制能救人性命的药是因为这些生产者冷血无情吗？他们这样做是什么原因造成的呢？

20世纪末，艾滋病的阴云笼罩了整个非洲大陆。2000年，全球有3 300万人感染了艾滋病病毒，其中有2 300万人在非洲，平均每天有5 500个非洲人死于艾滋病。在现有的死亡率水平下，非洲一些国家15岁左右的男孩预计将有一半会死于艾滋病。其实艾滋病患者只要有药物服用就能延长生命，甚至有的人还能够得到跟正常人一样长的寿命，而不是最终死于艾滋病。从1996年~1998年间，抗逆转录酶病毒药物研制成功之后，美国的艾滋病死亡人数下降了70％。但这种成功主要局限于北美和西欧国家。因为每年高达10 000美元~15 000美元的药费远远超出了全球绝大多数艾滋病患者的经济承受能力。2000年，联合国前任秘书长科菲·安南发表讲话说："有人可能会以为，既然找到了更好的药物，艾滋病的危机就将结束了。事实远非如此。对于绝大多数艾滋病人来说，抗逆转录酶病毒药物每年需要支付的费用完全属于另外一个星系。"

很多人因为付不起医药费而早早死于艾滋病，其实并不仅仅是因为艾滋病的药物价格过于高昂。对于一些贫穷的国家来说，一些常见的传染病，如疟疾、昏睡病、黑热病和肺结核等等都是十分严重的疾病，这些疾病每年都要夺去数以百万计人的生命。但是医药公司并不将资金投入到研究这些能救人性命的药物之上，而是将大量的研究资金耗费在对秃顶和阳痿等疾病的药物研究上，甚至连宠物的药物也没有被忽视：有一家公司专门研制出了缓解狗的分居焦虑的抗抑郁药。新药物的研究往往是针对富人们的化妆品，而对穷人的致命疾病却视而不见。治疗热带病的药物在新药品专利中所占的比例只有区区1％，多数制药公司都只专注于研制治疗富贵病的药物。

美国小说家约翰·勒卡里写了一部精彩的小说《忠诚的园丁》，其中讲述了一家重要的医药公司在肯尼亚的生意。小说中的一个人物把自己的主管称为"最不愿意碰到的阴险、狡猾、伪善的商业恶棍"。小说中的药品公司唯利是图，贩卖危险的药品、进行不道德的药物试验、贿赂卫生官员、胁迫科学家，是一家每天都在杀人的无耻的垄断组织。小说里的英雄说："药品是

非洲的丑闻。如果有一样东西可以表明西方国家对遭受苦难的非洲人民的冷酷无情的话，那就是急需药品的极度短缺以及在过去的整整30年里制药公司可耻地索要高价。"约翰·勒卡里对一个采访者说，他是出于"对制药工业的无情、伪善、腐败和贪婪的义愤"而创作的这部小说。

药品公司为什么会这样做呢？它们真的像小说家所说的那样无情、伪善、腐败和贪婪吗？事实上，制药公司之所以这样做是有其经济原因的。无国界医生组织的伯纳德·皮库尔博士说："对于制药公司来说，推广一种新的减肥药总是要比探索疟疾的新治疗方法能赚取更大利润。当新的疫苗或者药物被开发出来的时候，世界上绝大多数人口实际上是被拒之门外的。"其实无论是艾滋病的药物贵到极点，还是制药公司不愿意花钱研发一些治疗传染病的特效药，其根本原因在于——成本与收益的问题。

在经济行为中，每个人的目的都是要实现自己的利益最大化，都是从自己的利益来出发去进行经济活动。所以，在进行投资之前，人们都要先考虑自己的投资能不能在收回成本的前提下获得利润。如果没有利润的收回，根本就不会有人去做这种投资，制药公司当然也是如此。对于研制一些诸如治疗疟疾、昏睡病、黑热病等等传染病的疫苗来说，并没有可观的利润回收，所以制药公司就不可能投入成本。而对于治疗诸如减肥、阳痿、秃头之类的药则有着很大的市场，有极大的利润，所以制药公司更愿意投入这种可以获利的研发。《纽约时报》曾经有这样一个报道：昏睡病能导致病人的死亡，并且会让他们经历一个难以忍受的痛苦时期。在偶然之中，有寻找抗癌药物的研究者发现一种药物具有治疗昏睡病的疗效。这种药物非常成功，它可以把人从致命的昏迷中唤醒，因此在非洲获得了"复活之药"的盛誉。然而，由于无利可图，该药品的专利持有者很快就停止了生产。接着，人们又发现这种药物如果用在面霜里，可以有效地阻止妇女脸部的毛发生长，专利持有者于是又重燃兴趣。作为化妆品的原料，这种药品的生产又重新启动了。因为制造这样的化妆品有利可图，所以就会再重新生产。

忽视昏睡病的研究以及对艾滋病设定高昂的药价，是制药公司对自己所处体制的正常反应：它们根据市场的激励采取相应的行动。公司有义务为股东的利益负责，它们应该投资到预期回报更高的地方。尽管它们拥有的用于研究的资酬良多，但也不是无限的，要把这些资源投向哪里，必须作出选择。法国和德国的制药公司阿文提斯的一位高层主管这样说："不能否认，我们的业务重点在于高端市场：研制治疗血管病、新陈代谢疾病和抗感染的药物等。但我们所处的产业是一个竞争性的环境，我们的行为要对股东负责。"

一种新的药物的研发创新是一种很重要的决策。如果决策失误极有可能就会把制药公司拖垮。某种一鸣惊人的新药一年就可以为投资者挣回10亿美元，甚至更多，但是这样的回报是来之不易的。该产业的有关研究显示，只有不足1/3的新药可以收回投资成本，因为一种新药从研发到最终上市至少要花费2亿~5亿美元的投资成本。基于这种情况，任何一家制药公司都不可能会从简单的道德层面去做决定，而必须要以其利益为基础进行考虑。因此，我们可以得出结论，制药公司不愿意花钱去研究能救人一命的药，却去研究那些治疗富贵病之类的药主要是基于成本与收益的考虑，而不是因为其"无情、伪善、腐败和贪婪"。

6

"多收了三五斗"为什么却没有多赚三五块大洋

"多收了三五斗"却没有多赚到钱，相反还不如以前了，是因为买卖资本家的价格压制，还是因为外国洋米洋面的冲击？是因为"三座大山"

的政治原因，还是有着深层次的经济原因呢？

2009 年 10 月 9 日 19 点 38 分左右，美国宇航局月球陨坑观测与传感卫星及其运载火箭撞进月球南极附近的一个陨石坑，开启了寻找月球上是否有水的科学探索。据悉，此次进行任务的 2.2 吨重的运载火箭连同卫星 LCROSS，早于今年 6 月升空。在进行撞月任务前 10 小时，火箭和 LCROSS 将会分离，该枚火箭会以时速 5 600 英里，即超过音速 7 倍的极速，撞向预先被选定的月球南极一个陨石坑。陨石坑被撞时，会产生相当于 1.5 吨黄色炸药的威力，扬起的 77.2 万磅灰尘会升至 6.2 英里高。紧随其后的 LCROSS 卫星会把握数分钟时间拍摄影像和分析尘土，然后把数据传回地球的控制中心，以供科学家研究月球表面是否有水。同年 11 月 14 日，美国宇航局宣称此次撞月探测出月球上是有水的。

美国之所以探测月球上有没有水，想必是为了人类到月球上去生活而做的科学研究。人类生存需要许多必需品，为什么却先探测水呢？因为水是万物之源，没有水，就不会有任何生命。由此可见，水的使用价值很高，没有水，人类就难以生存和繁衍生息，更不用说发展了。所以，水的巨大作用是怎么形容也不过分的。但是水的交易价格却非常低，在北京民用自来水仅为 3.7 元/吨。人类离开水就无法存活，但是水的价格却如此之低，为什么会这样呢？

而相反的是，在非洲大陆长期以来流传着一句俗语："If You want long life，never touch the diamond"——想要长命，别碰钻石。因为很多人因为钻石而丧生。可见，钻石比人的性命还要值钱！2006 年 12 月，美国好莱坞上映了一部电影《血钻》。这部电影是以 1999 年内战中的塞拉利昂为舞台，意欲揭示走私钻石行当的肮脏内幕。塞拉利昂叛军"革命同盟阵线"就是通过向西方发达国家出售钻石而购买军用武器装备的。电影中的许多人都是为了一颗钻石而拼命，结果都因钻石而丧命。每一颗钻石上都沾满了无

数人的鲜血，所以电影中的钻石被称为"血钻"。人们之所以为了钻石而不惜冒生命危险，是因为它的价格非常高。目前，珠宝柜台的 1 克拉（1 克拉 = 0.2 克）钻石的价格是 10 万元左右。那句"钻石恒久远，一颗永流传"的广告语也被改成"钻石恒久远，一颗就破产"了。可是，从使用价值来看，钻石根本没有任何用处。即使没有钻石，人类照样可以生存，人类社会依旧可以发展至今。从这个意义上说，钻石对人类社会甚至是可有可无的。可为什么钻石的价值却如此之高呢？

这就是经济学上著名的"钻石和水"的问题。从经济学上来说，物品之所以成为商品，不一定在于其本身具有多大的价值，更主要是看它是否存在一定的需求和供给。没有需求的东西是没有价格的，因为根本没有人愿意花钱去买它。商品的价格是由需求和供给两方面来共同决定的。但是有的时候，需求量一定的时候，供给量对商品的价格产生的影响会更大。供给过多，则价格低廉，供给过少，则价格高昂。经济学中用"绝对过剩"和"相对过剩"来解释这个问题。绝对过剩是指生产出来的东西，在让所有需要它的人的需求都得到最大的满足之后，还有所剩余。相对过剩是指该商品的过剩是相对于一定的时间和空间而言的，是相对于人们的购买能力的过剩。也就是说，社会的供给超过了具有购买能力的人的需求，还存在许多买不起这种商品的需求者。

虽然水的需求是巨大的，并且是必需的，但是它的供给量已经是"绝对过剩"；而钻石虽然毫无用处，但是供给量却只是"相对过剩"，所以就会产生如此巨大的价格差异。

前些年中国也出现了"倒牛奶"现象。先是遭奶站拒收的南京奶农纷纷把鲜奶倒掉，而后是成都市的一家乳制品加工企业因为收购过多鲜奶，只好把来不及加工的两吨多鲜奶倒入下水道。照此看，我们生产的牛奶似乎已经到了"喝不完"的地步。但是资料显示，我国奶制品的年人均消费量不足 7 千克，远远达不到世界人均水平。中国仍然是一个"贫奶国家"。

对于倒牛奶现象，许多人会问：为什么他们不把牛奶分给那些还喝不上牛奶的人呢？我们可以设想，如果把牛奶无偿分发，有些人因此获得了牛奶。那么在以后一段时间内，即使在以后牛奶供给相对平衡时，也就会有许多人不去买牛奶了，因为他们会等着再喝"免费牛奶"，而一些原来购买牛奶的人，也会产生不平衡的心理，也会选择等牛奶喝，而不是买牛奶喝。这样一来，卖者如果觉得无利可图，就会退出市场，市场就会遭到破坏。从长远来看，对于买家与卖家都不利。所以，倒掉牛奶，看似浪费无情，实际上是有着十分无奈的经济原因的。

与此相同的一个典型的例子是叶圣陶在《多收了三五斗》里描述的"谷贱伤农"现象。本来稻米丰收了，农民以为自己的收入会比往年高一点。可是，由于全体农业的丰收，粮食产量增加，供给急剧上升，而需求量又不可能在一年的时间内突然大增，所以就超过了需求量。再加上洋米洋面的引入，粮食的价格下降了，农民的收入反而比以前减少了。实际上，这并不是主要由买家所决定的，是由于农业生产周期性造成的。这样一来，在市场交易时，就给农民带来了讨价还价的劣势。消费者会想"反正你一定会急着卖出去，否则就会坏掉。那么你对交易的要求比我迫切"，他们就会利用这种心理，拼命地压低价格。而在供给量过剩的情况下，农民达成交易的要求就会更迫切，价格就会被压得更低。所以，就没有多赚三五个大洋。

由此可见，商品的价格在需求没有弹性的情况下，如果供给量突然大增，不仅不能给卖者带来更多的经济收益，还有可能会降低其收益。

7

为什么有些公司花在营销宣传上的费用
比产品研发上还要高很多

通常来说，生产研发对一个企业来说是最重要的，但是有时我们却发现，有些企业投放到生产与研发上的资金却不如营销宣传上的多，为什么会出现如此"本末倒置"的事情呢？

从上文中还可以得出一个结论：一般情况下，制药公司不会轻易研发新的药物。但是因为竞争实在太激烈了，制药公司一直停止对新的药物的研制的话，马上就会被淘汰出局，所以制药公司也都在不断地研发新的药物。1999年，美国一家生产治疗青光眼药水和其他药品的医药公司将其全年收入的20％投入到新的药物研发上，希望能够研发出新的药物，以在市场竞争中占有更有利的地位。但是同时，这家公司投入在营销宣传上的费用则达到了30％左右。而在2000年的时候，世界上最大的艾滋病药物制造商将全年收入的37％花费在了营销和管理上，而研发费用则只占14％。资金的这种投入方式好像是反常的，但是却又不是只有一家医药公司这样做，到底这是什么原因呢？

制药公司之所以这样做当然要考虑到其成本与收益的问题。如果制药公司投入了一定的研发成本，研制出了一种能够带来利润的新药物，可是制药公司并没有对这种药物进行宣传，生产出药物之后就悄悄上市了。很明显，如果一家制药公司敢于这样做，那么它的新药必然不会取得预期的收益。这种药物在市场上可能会销售一定的量，但是并不能引起人们的关注，尤其是它的特性还未被消费者知晓，因此也就不会有太多人会购买。况且药品是一种特殊的商品，如果消费者对其没有一定的了解是不敢贸然购买的。所以，制药公司就得进行宣传，并且要进行大力宣传。一种新的产品之所以能够存在并销售，并为生产者带来利润，主要是因为其相对于市场上原有的产品有新的功能或者改进，对于药品来说也是如此，所以制药公司肯定会对此进行宣传，借以引起买者的注意。而产品的宣传与营销是一个很庞大的工程，需要投入巨大的资金。从机会成本上来说，一家公司的资本是固定的，如果在研发上投入的多，那么在宣传与营销上必然就要减少投入。制药公司肯定会对此进行充分的思考与谋划，然后作出在宣传营销上投入比研制新药物更多的资金的最佳选择。他们之所以作出这样的决策，是因为宣传营销带来的经济收益比研发新药物带来的还要多。通过考虑成本与收益，制药公司作出这种决策就是理所当然的了。

此外，生产者在市场上进行大规模的宣传，还涉及到一个信息问题。信息在人们的经济行为中起着重要的作用。美国学者吉尔茨说："寻找信息是市场生活的核心。它才是市场上的高级艺术，这里的每一件事都因它而改变。"在很多情况下，交易之所以没有进行，不是因为市场上没有卖者出售买者想要的商品，而是双方都没有足够的信息，也就是说持有买者想购买的商品的卖者没有找到想要购买这种商品的买者，反之亦然。在一些市场上，尤其是不完全竞争的市场上，有的商人还故意隐瞒商品的信息，主动增加买者收集信息的成本，通过这样来抬高商品的价格，以获得更多的利益。而在完全竞争市场上，信息隐藏的行为是不存在的，并且是对商家不利的。因为市场已经进入到了完全竞争的状态，所有的生产商都在争取更多的消费者，争取更大的市场份额。而为了达到这一目的，必然就需要对自己的商品进行大量的宣传。为了使消费者知道自己商品的存在，知道自己的商品与其他商品不同的新的特性，自然就会花费更多的宣传费用。

资金充足的生产商必然会通过各种媒体对消费者展开广告攻势。他们会在电视台、电台、互联网、平面媒体以及各种各样的户外墙体、路牌等等进行广告宣传，还会散发各种传单等等，无所不用其极。

商品的生产者并不是一家，也并不是只有一家进行宣传，所以为了与对手进行竞争，各生产者必然要不断地进行宣传投入，这样必然要花费大量的资金。生产商的宣传使信息充分传达到市场中去。这样做不仅能够赢得需要这种产品的广大消费者，还能获得大量的潜在消费者。比如一家生产感冒药的生产者，如果展开强大的宣传攻势，必然就会赢得正患感冒的消费者，而一些没有得感冒的人在看到它的宣传广告时，会在心中留下一定的印象，那么当他得感冒的时候，很有可能就会首先选择自己知道的这种感冒药。

此外，一家公司的广告宣传对其市场地位的巩固也有着很大的作用。一家制药公司不可能只生产一种药，所以它在宣传一种新药的时候，也同时在间接地宣传公司的其他药品。因为这家公司将自己的新药进行大力宣传的时候，也是对公司形象的宣传。而当公司的形象在市场上形成时，它所生产的其他类型的药品也会被消费者接受。消费者在购买药品时发现该公司的产品，自然就会在心理上产生一种良好的印象，也就有很大的可能会选择购买。

公司进行大力宣传基于的总体考虑是其品牌效应的考虑。所谓"品牌效应"是指品牌给企业带来巨大经济效益的效应。简单地说，如果一个企业成功树立了自己的品牌，就能够使自己的产品在品牌的影响下销得更多，市场占有率更大，取得的效益也就更大。

由此可见，一些公司之所以大力进行宣传，花费的宣传资金大大高于研发资金，并非人们通常所想象的那样"本末倒置"，其最终目的还是在于将自己的产品进行最大化的推广与销售，以取得最大的经济收益。

8

你知道为什么越不热门的东西越赚钱吗

如果一种商品销量很好，投资者就会都去投资这种商品，但是因为投资过多，供大于求，反而会不赚钱。而有的商品需求量很少，但是在互联网时代，经营这种商品的人却很赚钱。为什么看似很赚钱的却不赚钱了，以前根本不赚钱的，现在却变成了最赚钱的行业了呢？

在人类社会中有一个普遍的规则：二八定律。二八定律时刻影响着我们的生活，在生意交往中，20%的顾客可以带来80%的利润；在社会生活里，20%的人群拥有80%的财富；在人的生命中，20%的时间带来80%的快乐。20%的产品或20%的客户，为企业赚得约80%的销售额；20%的罪犯的罪行占所有犯罪行为的80%；20%的汽车狂人，引起80%的交通事故；世界上大约80%的资源，是由世界上20%的人口所消耗；世界财富的80%，为20%的人所拥有，等等。这一定律在人们生活的各种活动中都存在，并且时刻影响着人们的生活。这种"二八定律"影响了人们的经济行为，尤其是投资方向。然而，美国经济学家克里斯·安德森却发现了一种有悖于二八定律的新定律，这种定律被称为"长尾理论"。

克里斯·安德森在一次和 Ecast 的 CEO 范·阿迪布交谈时，发现了一个有关数字时代新娱乐经济学的怪现象。阿迪布让安德森大胆地估量一下收录在该公司点唱机上的一万张专辑中有多少能达到每一季度至少被点播一次的频率。克里斯·安德森冒险说出了一个明显违背二八定律的比例：

50%。他以为自己给出的数字已经够大的了，但事实上阿迪布告诉他，真正的答案是——98%。同时，阿迪布还告诉他，公司新添的曲目越多、销量就越大。人们似乎对非热门音乐有无限的需求。

克里斯·安德森根据流行程度对数据进行排序，开始的形状与其他需求曲线很相似。最前端表明，几首大热门被下载了无数次，接下来，曲线随着曲目流行度的降低陡然下坠。但有趣的是，它一直没有坠至零点。他找到排名第100 000的那个曲目，结果发现它的月下载量仍然是千位数。在它后面，曲线一直在不断延伸：第200 000首，第300 000首，第400 000首——只要他顺着往下看，他总能看到需求。在曲线的末端，曲目的月下载量只有3到5次，但仍然没有降到零点。

克里斯·安德森进一步对这些数字进行分析后得出一个结论：阿迪布给出的有悖直觉的统计数据里隐含着一个强大的真理。因为他发现，在如今市场极度发达的情况下，商品的供给已经达到了无限。而商品市场中的二八定律则是供给匮乏的产物——如果只有几个货架、几个波段，唯一明智的做法就是把这些空间留给最热门的东西。但是如果有无限多的货架，商家就可以将自己的货品各类增加到无限。因为根据二八定律也可以得出，以种类来划分商品的话，有80%的商品没有被投放到需求市场上去。所以说，如果将所有这些非热门聚合在一起的话，将会形成一个巨大的市场，也就是说将会带来巨大的商机与利益。

因为这些商品都是"尾部商品"，在统计学中，这种形状的商品曲线被称作"长尾分布"，因为相对于头部来讲，它的尾巴特别长。所以安德森将这种理论命名为"长尾理论"。

为此他又对网上书城亚马逊的销售情况进行了分析。他发现，一家大型书店通常可摆放10万本书，但是在亚马逊网络书店的图书销售额中，有1/4的销售量来自排名10万以后的书籍。这些"冷门"书籍的销售比例正在以极高的速度不断增长，预计未来可占整个书市的一半。这意味着消费者在面对无限的选择时，真正想要的东西和想要取得的渠道都出现了重大的变化，一套崭新的商业模式也跟着崛起。

克里斯·安德森进一步指出，长尾理论不仅仅是网上书店的一个优势体现，也是一些媒体和娱乐行业的一种崭新的经济模式范例。无限的选择空间正在揭示市场的真相：消费者们想要什么产品？他们希望如何得到这些产品？

我们都知道，生产者都是为了追求利润的。只要商品的生产有利可图，即使需求的人很少，生产者也会生产。并且随着通讯工具的发达，一些非热门商品的消费者能够通过各种渠道获得自己需要的商品。这就使非热门商品的需求量变得越来越大，也就会形成一个足以使生产者投入生产的市场。

实际上，现在有很多生产者与销售商已经开始意识到长尾理论的巨大经济效益。比如旧书市场被长尾理论改变了。原来的旧书市场实际上主要是由两个市场组成的，约有 2/3 的市场被教科书生意占据，校园交易是其中心，而剩下的 1/3 属于散布在全国各地的小旧书商店，是个相对比较沉寂的领域。二手教材可以说是旧书市场中的高效市场，每年都有数百万学生先购买、再转卖那些昂贵但却只用一个学期的教材。哪些书有转卖的价值完全取决于学校课程的设置，而价格的高低则取决于校园书店。一般来说，书店可以五折买下教材，然后以七五折转手出售。但是学生们手中的书更像是一种"租赁"，只用一学期便可转让，因此这些教材的标价大约为定价的 1/4，所以这种旧书更容易交易成功。而非教材旧书市场则效率极低。典型旧书店的进货渠道相当有限，只能指望当地人出售他们的藏书。结果，这些书店的品种选择表现出相当大的随意性，店主率性而为，购书者也只能靠运气，供给与需求没有任何的针对性可言，所以赢利的可能性就更小。虽然这种书店的商品种类可能很多，但是买家和卖家因为信息不充分而不能进行交易。也正因如此，人们在寻找某种特殊书籍的时候大多都不会考虑旧书店。

但是自从网络出现以后，有人意识到尽管单个书店的经营模式没有太大的意义，但是如果将这些店联合在一起，整个旧书市场的潜力就不可估量了。可想而知，众多的书店藏书总量可以和世界上最大的图书馆抗衡，一个巨大的市场就在其中。也就是说，原来这些"八成"的基本上不能形成市场规模的旧书店在联合之后，就形成了一个非常巨大的旧书市场，这就是旧书市场中的"长尾理论"应用。现在在国内也有许多专门经营旧书的网站，如孔夫子旧书网、天下旧书网等等。都是在长尾理论的影响下而形成的巨大市场。

其实，长尾理论可以说是无处不在，无所不有的，绝不止于这些领域，许多行业也已经通过长尾理论的运用取得了成功，甚至包括玩具制造商、厨房设备等等企业都通过这种理论的应用而极大地开发了自己的市场。

在各种交通与通讯手段越来越发达的市场中，商品的生产者与消费者因为能够更容易地得到自己所需要的"非热门"商品，所以就会出现一种新的经营现象：那些越不热门的东西越能赚钱。因此，在进行投资时，尤其是商品的生产与销售时，应该充分考虑这种新出现的市场现象。

9

上学到底能致富还是致贫

上学的目的是为了受教育，受教育是为了提高个人知识与能力，从而提高个人的社会竞争力，使自己能够更好地生活。但是现今，在中国为了上学却使很多家庭陷入了贫穷的困境。那么上学到底是致富还是致贫呢？

宋朝皇帝宋真宗赵恒写了一首劝学的诗《励志篇》："富家不用买良田，书中自有千钟粟；安居不用架高堂，书中自有黄金屋；出门莫恨无人随，书中车马多如簇；娶妻莫恨无良媒，书中自有颜如玉；男儿若遂平生志，六经勤向窗前读。"用现代观念去解读赵恒的《励志篇》，可以简单地理解为：读书就是接受教育。教育对个人的功能是：学生通过接受教育掌握知识技能，然后通过知识技能去创造财富，也就是"致富"。更通俗一点的说法是：知识就是力量。学到的知识就要学以致用，把它们变为生产力即人民币。

2005 年 4 月 3 日，年仅 18 岁的丁俊晖获得了斯诺克台球排名赛世界冠军，是中国第一个获得台球世界冠军的选手。只此一役，丁俊晖就获得了 3 万英镑的奖金和企业赞助的 5 万美金，同时还获得了一个"含金量"极高的世界冠军名号。早在 2001 年，初中一年级还没有念完的丁俊晖被他父亲从教室里拽了出来，让他专心打台球。成名后，在回答记者问他"为什么不愿意读书"之后，他回答说："读书有什么用？将来毕业了还不是要找工作？找不到工作就要待在家里让父母担心。我觉得人活着就是为了更好地生活，现在我打球有钱挣，挺好的。"就这一句话又引起了巨大的反响，人们又对读书（此处仅指上大学、读硕士、博士）到底是有用还是无用进行了激烈的争论。

在当下，"读书无用论"的观点也越来越为人们所认同。2009 年 3 月 31 日的《重庆晚报》报道，今年全市有上万名应届高考生放弃了高考报名。近几年大学生的就业情景也不容乐观。人们似乎越来越认同读书无用论。那么，读书到底是有用还是无用呢？

从经济学上来说，人们读书的目的是为了提高自己的技能，增加自己的知识，通过运用学到的技能与知识来创造财富，而教育正是承担了这一重要任务。用朱永新教授的话说："教育本来应该是富裕的前提，通过教育，个体获得了知识与技能，形成了人力资本。这是教育经济学的基本原理。"经济学家认为（事实也证明），一国的生活水平取决于它生产物品与劳务的能力，而这种能力的获得则是通过人自身能力的提高。为了提高生活水平，决策者需要通过让工人受到良好教育、拥有生产物品与劳务需要的工具，以及获取最好技术，来提高生产率。

但是人们在做每一件事情时，都会考虑其机会成本，对于读书来说也是如此。根据国内大学的教育收费水平来计算，四年大学的显性成本大约如下：

大学四年，按每年学费5 000元、课本等代办的费用500元算，网络学院的学生还必须支付上网的费用，每年1 200元。那么，大学四年的会计成本是：

$$（5\ 000＋500＋1\ 200）×4 = 26\ 800（元）$$

机会成本则要加上因读书、放弃就业的收入。如果就业，每年的收入大约为10 000元（减去吃、穿、住、用、行等等用度）。那么，大学四年的机会成本就是：

$$10\ 000 ×4 + 26\ 800 = 66\ 800（元）$$

以上的成本计算中不包括吃、穿、住、用、行等，因为不论读书与否，这几项支出都要付出。从短期来看，66 800元的支出对于一些家庭来说是一项巨大的开支。据有关部门调查，教育开支占农村家庭收入的比重达32.6％。在有些贫困地区的农村，教育占家庭支出的大部分，甚至大于所有的家庭收入。因此，每年都有家长被高昂的学费逼疯、甚至被逼得上吊的"新闻"出现。短期来说，一些家庭的确因此而"致贫"，不能支付学费。因此，在这种负面激励之下，许多人便放弃了读书。再加上越来越多的大学生毕业之后找不到工作，对人们通过读书致富的想法也产生了巨大的冲击。

实际上，虽然找不到工作的大学生很多，但是从数字来看，并没有太大的变化（经济危机的影响会增加一些），每年都有一定的学生毕业后暂

时找不到工作，而其中也有一些是因为各种各样的原因，比如继续考研，比如自视甚高等等非现实性原因。而且这些学生也并不是永远找不到工作。从短期来看，读书没有任何的经济收益，只有成本的支出，的确会导致一些家庭陷入贫困。但是认为读书无用的人不是因为读书的短期致贫，而是因为读书的长期收益得不到回报。如果说，姚明、丁俊晖等人放弃篮球、台球等等技能而去读书，那么其机会成本是巨大的。而对于普通人来说，读书能够使人无论在技能、知识，还是视野、见识上都有很大的提高，长远来看收益是巨大的。所以，对于普通人来说，读书可能暂时性地致贫，但是从长远来看，其收益远远大于支出。当然，目前的教育及就业情况不容乐观，因为学校专业的设置与社会需求之间的滞后矛盾，也给某些专业的学生毕业之后找不到工作埋下了隐患。

就目前我国的教育现状而言，上学的确是导致低收入家庭更加贫困的一个因素。正如东北财经大学的谷宏伟博士在其著作《转轨时期中国低收入家庭教育投资分析》一书中所说："由于教育投资收益的回收期过长，在信贷市场不完全的情况下，如果成本超出家庭的承受能力，极有可能使家庭在一定时间内陷入暂时贫困，如果由于劳动力市场的不完全和高校扩招等因素导致教育的收益率过低，那么暂时贫困就有可能转变为长期贫困。可是，另一方面教育又是这些家庭摆脱目前困境的唯一方法，如果不进行教育的话，那么贫困就会在代际之间延续，家庭就落入了贫困陷阱之中。这样，贫困家庭在教育上就面临着一个两难困境——'因教致贫'或人力资本投资不足导致的贫困陷阱。"

家庭行为是理性的，当面临"因教致贫"的可能时，他们就会选择放弃对教育的投资。也就是说，如果教育花费过高，就会导致许多人上不了学；因为上不起学，所以没有知识与技能，没有知识与技能，所以就不能致富。而对于绝大多数人而言，读书的目的是使人们能够提高自己的技能水平，然后通过运用知识与技能来提高生产能力，从而收回当初的教育投

资并进一步为自己创造更多财富。许多人之所以认为教育会致贫，除了当前人们的收入水平与教育的收费水平不成正比之外，还因为教育的滞后性使人们的长期收益（也就是技能与知识）得不到保证。因此，读书并不会致贫，真正致贫的是种种不合理的体制。实际上，对于大部分人来说，人们的教育水平与其生活水平是成正比的。教育的确是实现了其使人们因为受到良好的教育来提高生产力，获得更高经济收益，也就是致富的目标。

10

可口可乐与百事可乐是对手，还是朋友

可口可乐与百事可乐是全球碳酸饮料的两大巨头。这两家公司一直在争夺市场份额，一直不停地进行各种形式的竞争。但是它们却很少像当年的中国家电企业一样进行价格战，好像它们又是朋友。那么到底这两大巨头是对手还是朋友？

众所周知，在全球碳酸饮料市场中，可口可乐与百事可乐占大部分的销售份额。这两家企业可以说是市场中的寡头企业。

在全球碳酸饮料市场中，这两家企业互为竞争对手。一方的价格策略对另一方的价格策略产生着极大的影响。这两家企业之间的关系是在垄断与竞争之间的不完全竞争市场关系。在关于美国经济的调查中显示，寡头在经济中占的份额越来越大：因为企业变大所带来的收益正在逐渐增长，特别是在技术、媒体和电信领域，因为固定成本特别大，而每多一个顾客的服务成本却非常小，所以寡头企业越来越多。例如，1990 年，汤姆森学

习出版社（现圣智学习出版集团）、培生教育出版公司与约翰·威利出版公司这三家出版企业的大学教科书业务占该行业的35%，到2005年已经占到了62%，如今则主宰了这个市场。很多行业都是如此，寡头越来越多，市场越来越成为只有少数几个卖家的市场。

在完全竞争市场上，企业为了获得自己的最大利益，往往会极力降低成本，在尽可能的情况下降低价格，通过这种方式来与对手展开竞争，以期获得更多的销售份额来获取更多的经济利益。在寡头市场中，每一家企业也都想将其对手击败，从而成为"独头"，独自占取市场份额，独享利益。因此寡头企业必然也会像竞争市场中的企业一样，提高效率，降低成本，增加产量，以低价格向消费者提供更多更好的产品，将竞争对手击败，然后再以损害消费者和经济进步为代价，通过提高价格获得高额的利润。寡头企业在成为市场唯一的卖者之后，必然会这样做，因为企业是以自身利益，而不是消费者利益和社会进步为经营标准的。

但是，在市场上形成了寡头企业之后，尤其是寡头市场中的卖者企业实力旗鼓相当，一家企业很难将另一家企业击垮时，寡头就不会展开你死我活的竞争，而是会达成有关生产与价格的协议（经济学上称之为"勾结"），联合起来进行生产与销售，形成"卡特尔"——即形成类似一个垄断者进行生产的市场。

几家寡头联合起来形成垄断后，必然会影响消费者的生活与社会的进步。因此，为了使寡头达到均衡，全球各国经济体系都对卡特尔持反对态度。据2005年4月的《华尔街日报》报道，欧盟反垄断主管内莉·克勒斯将反对卡特尔当做自己工作的首要任务，在25个成员国立法会议前的发言中，她说，欧盟可能需要采取美国式的认罪辩诉协议程序来清除日益加剧的价格勾结安全法的情况，还需要寻找一个方法来保护向欧盟管制当局提供有关非法卡特尔活动的机密信息。美国华盛顿当局也积极响应，并表示要"采用新的合作手段来为我们反卡特尔提供更多的方法"。

1998 年，美国政府对微软公司提起了垄断诉讼。这一垄断案件的中心问题是：是否应该允许微软把它的因特网浏览器与视窗操作系统捆绑起来销售。美国政府认为，微软把这两种产品捆绑在一起是为了把它在电脑操作系统市场上的市场力量扩大到不相关的市场（因特网浏览器）。美国政府认为，允许微软把这些产品与操作系统组合起来，会阻止一些新的软件公司进入市场和提供新产品。微软则认为将技术的新特点融入老产品中是技术进步自然而然的一部分。微软把许多特点融入以前是单一产品的视窗上，会让电脑更稳定、更容易使用。微软认为，因特网技术的整合是自然而然的下一步。而美国政府则认为微软操作系统超过了市场 80% 的份额，已有相当大的垄断力量，而且还有扩大之势，违反了反垄断的相关法规。在经过长期审讯之后，1999 年 11 月，法官判定微软有极大的垄断力量，并非法滥用这种力量。2000 年 6 月，法官命令微软分为两个公司——一个销售操作系统，另一个销售应用软件。一年后，上诉法院驳回了拆分命令。2001 年 9 月，司法部宣布，微软不再拆分，但是要接受对自己的经营业已进行的某些限制。政府同意浏览器仍然可以作为视窗操作系统的一部分。

因为微软公司在市场上已经形成了垄断市场，所以美国政府对其进行了反垄断的起诉。寡头企业喜欢像垄断者那样行事，因为垄断使它们更接近于不完全竞争。但是因为并不是所有的寡头都具有强大到足以吞并对手的力量，所以寡头企业往往会通过选择合作来实现其共同利益。

可是双方为了各自的利益又不断地展开竞争。两家企业在竞争中又不断地扩大了自己的规模与总的市场份额，使企业的实力不断地增长。所以，在这种市场中的企业，它们既是对手，又是朋友。百事可乐与可口可乐为了各自的经济利益，在各方面都展开积极的竞争，无论是在价格还是宣传上，都激烈地进行着擂台战。例如，2009 年 2 月 1 日，当美国最大的体育赛事"Super Bowl（超级碗）"拉开帷幕时，虽然百事可乐与 NBC 签订了上半场排他性广告协议，阻击了可口可乐广告的出现，但是重返赛场的可口可乐，仍然购买了三个广告时段，以"Open Happiness（打开幸福）"来应对百事可乐的"Refresh Everything（刷新一切）"，两家公司又开始短兵相接的广告竞争。但是双方也会为了共同的经济利益而不断地进行谈判与合作。比如，它们会共同制定价格策略，不会出现一方低于另一方的现象，不会出现恶性竞争的现象。所以说，这两家公司看起来像对手，同时也是朋友关系。

11

存在银行里的钱缩水应该怎么办

存款储蓄在很长一段时间内都被认为是最好的增值方式，既安全又有利息收入。但是目前，在通货膨胀的经济形势下，存款不仅不能增值了，反而在缩水，这时候应该怎么办呢？

美国石油大亨约翰·D·洛克菲勒曾给年轻人以下忠告："储蓄是非常重要的，如果没有一定的储蓄，我们的很多计划都将毫无意义。"相关的数据显示，我国储蓄率在全世界排名第一。对于许多收入没有保障的人来说，存款更是极为重要的。但是从 2007 年下半年开始，人们却发现自己的钱存在银行里越来越少了，而不是多了。因为通货膨胀了。"粮价涨了，油价涨了，猪肉价涨了，房价更是在涨……"可以说是"涨声一片"。办公室、菜市场、洗手间、公交车、网络论坛……关于涨价的讨论随处可闻。

假如通货膨胀率为8%，存款利率为3.5%，那么存入银行的钱会在

次年缩水 4.5%。也就是说，社会经济进入了负利率时代，存在银行的钱所得的利息赶不上钱贬值的速度，这种情况下，我们说"存在银行里的钱缩水了"。尽管现在人们赚得越来越多，但是财富增长率往往是不可能在短期内超过通货膨胀涨幅的，也就是说，CPI 指数（物价增长指数，英文缩写为 CPI，是反映与居民生活有关的产品及劳务价格统计出来的物价变动指标，通常作为考查通货膨胀水平的重要指标）超过了人们的财富增长率。

当你把钱定期存在银行里的时候，虽然严格来说，定存的特性最能符合"保本"、"获利"的双要求，但是定期存款在通货膨胀的情况下却出现了风险，成了一种错误的理财方式。理财专家告诫我们，定期存款不仅会因为通货膨胀而出现风险，还会存在其他方面的风险。一般来说，定期存款主要有以下几个方面的风险：

（1）通货膨胀。全球自 2001 年吹起降息风潮开始，银行定期存款利率从往日的十几个百分点降至一两个百分点，虽然到 2006 年有开始回转的迹象，但是涨幅远远比不上消费者物价指数年增率。一旦代表通货膨胀的消费者物价指数高于定存后，通货膨胀便会侵蚀定存获利，使得金钱价值不断缩水。因此在物价节节升高，利率却涨幅不大的时候，最好趁早把资金转往获利率更高的地方。

（2）解约扣息。因为是定期存款，所以都会签订一定的期限合约。直到期满之后，本期才能按照约定的利息计息，因此流动性相当低。但是谁也不敢保证定期存款一定能够满期，也许因为急用而必须解约。这时的定期存款不但无法拿到较高的利息，有时还得付出解约金，利息收入反而不如活期存款。这是定期存款的另一大缺点，而且是会时有发生的。

（3）丧失机会成本。因为钱已存作定期存款，所以就不会用于投资等等。因为资金的流动性低，你就无法灵活使用，所以就算遇到不错的投资

机会，也无法将这笔资金提出，用在投资股票、买基金或购买其他物品上面。因此，就会牺牲投资其他商品的最大报酬率，而这种机会成本所得到的收益往往要比定期存款所得的收益大得多。

如果社会生活进入"负利率时代"，普通老百姓，尤其是热衷于储蓄的人就需要高度警惕。因为如果在这种情况下还坚持存款，CPI 指数将使你存在银行的钱渐渐地变少。既然存钱会赔钱，那么就只好转变理财观念，不再存钱，而是主动出击去选择投资。因此，"你可以跑不赢刘翔，但是你一定要跑赢 CPI"已经成为许多人的口头禅。

为了使财富不变少，不因通货膨胀的原因而使自己的钱缩水，人们唯一的选择就是主动出击，去寻找一种更快地使财富增长的方式——投资。但是，理财专家指出，在众多投资理财工具的选择面前，因为人的性格不同、拥有的财产和对理财的要求不同，也要选择不同的投资方式。比如，对于比较激进的投资者，可以将大部分资产投资在股票上，当然，略为保守的可以分散一部分资产在债券上。经济学家告诉人们，投资的时候，"不要把所有的鸡蛋放在同一个篮子里"。为了达到风险的分散，股票投资部分也可以分散在不同投资风格的股票上，保持价值型股票和成长型股票的比例平衡。

总之，当定期存款已经不能给人以满意的回报，甚至会使人的财产缩水时，一定要转变理财观念，不要再以为将钱存在银行里就万事大吉了。因为你所需要的是让钱为你再赚钱，而不是靠微薄的利息回报来积累财富。更何况定期存款已经不能再为人们积累财富。所以，对于每个人来说，一定要清醒地判断大的经济形势及发展趋势，选择适合自己的投资方式，而不是把钱放在银行里等待缩水。

12

专业投资顾问的投资信息不可靠，为什么人们还要听

专业投资顾问并不能及时、准确地预测经济形势，不能保证在他们的指导下，人们会稳赚不赔，因此他们的信息并不可靠，但是他们还在到处发表自己的观点，指导人们进行投资，而人们还都相信。这到底是为什么呢？

美国经济学家罗伯特·弗兰克说："每当有人要我就股票市场给些专家意见，我就感到好笑，可这事又常常发生。比方说吧，聚会的时候，人们一听说我是个经济学家，就忙不迭地问我该买哪支股票。我告诉他们，要是我知道答案，我哪还用得着赚钱谋生呀。不知道我是经济学家的投资顾问，往往通过各种邮件得知我的名字，并要助理给我打电话，问我是否愿意听取他们的投资建议。对此我是一概拒绝，可这绝不是因为我早就知道哪支股票会上涨。"

实际上，在众多的经济学家之中，没有多少人是通过投资而成为富翁的，而那些有钱的投资者，比如巴菲特、罗杰斯等等都不是经济学家，甚至可以说他们所掌握的经济学知识都不如一个大学经济系本科毕业生的水平。因为经济学家并不能完全预测经济发展趋势。正如一则笑话所讽刺的那样：在一次国际会议休息期间，俄罗斯总统叶利钦对美国总统克林顿说："你知道吗？我遇到了一个麻烦，我有一百个卫兵，其中有一个是叛徒，可我却无法确认是谁。"听罢，克林顿总统说："这算不了什么，我有一百个

经济学家，他们当中只有一个人讲实话，要命的是每次说实话的还都不是同一个人。"除了经济本身的变幻莫测之外，人们之所以不能预测投资市场的信息，主要是因为信息存在滞后性。

假设有个股票分析师于8月1日在研究中发现，自己低估了某家公司的利润。由于投资者先前的信息有误，所以股票价格相对偏低。分析师跟同事及上级讨论之后，为了确定信息又做了更深入的调查，之后在8月15日写了一篇文章，说出了自己的发现。刊物在8月22日排版，9月6日又返回校对，之后于9月20日印刷成品，最后在10月初刊物寄到订户手里。从最初揭露信息到订户收到信息，隔了将近两个月。在这期间，很多人都得到了这一信息：投资顾问公司的所有员工，刊物出版的相关人员，甚至一些投递者。他们都可能会在这一段时间里购买然后再卖出该只被低估的股票。结果就会使这只股票的价格升高，因此当刊物的订阅者得知信息时，这只股票的升值空间已经变小了。也就是说投资专家的信息在当初是正确的，但是对于现在得到信息的人来说却是错误的。

此外，对于同一只股票，都会有许多名不同的分析师。每个人都想对该股在下月的价格走向作出准确预测，但他们同时也都希望跟被评估公司（多为其老板的客户或潜在客户）保持良好的关系。考虑到上述情况，分析师非常希望在自己拿定立场前参考其他分析师可能作出的推荐。毕竟，他知道自己犯错的成本，部分取决于其他分析师所做的推荐。一开始他就明白，其他人的推荐多半会稍微偏向于买进，因为对于分析师的东家来说，给受评估的公司以好评是有好处的。而且如果所有的分析师都推荐买进，而该公司的股价跌了，对分析师来说，这就是一个普通的预见失误，而且大家都分析错了，个人所承受的批评也会是有限的。反过来看，要是他推荐卖出，其他分析师推荐买进，而该公司的股价却涨了，那他就成了一个三重输家。他不仅推荐错误，而且这个错误引人注意，因为竞争分析师都看准了。此外，他的东家还会遭到潜在客户的憎恨，这也必然会使公司对

其作出惩戒。

因此，精明的投资者会明白，大多数分析师不仅不能及时预测股票走向，还都只推荐买进不建议卖出，所以他们所提供的信息是不可靠的。可是这并不是说，投资专家就没有存在的必要。因为，实际上，很多投资者购买刊物，不是为了看这些投资建议，而是为了跟上行业发展的脚步。专业的投资建议是很有必要的，只不过这跟不少想通过投资专家的"指点"来稳赚不赔的投资者想象中的有一些差异。因为投资专家能够告诉大家怎样挑选最适合自己投资目标的股票。具体而言，他们可以帮助投资者作出明智的判断，能够挑选最适合自己的投资目标。比如说，对于一个想为未来的生活做储蓄的年轻人，投资者会建议他最好选择一些高于当下平均收益率的风险较大的股票组合。这些股票在短期内的表现可能并不理想，但是如果希望在长期内获得最高的收益，这种投资选择无疑是最好的。而对于一个已经要退休的人来说，投资专家会建议选择一些预期收益较低的稳妥股票，因为此时的投资者要看的不是长期收益，而是如何确保自己的积蓄不因通货膨胀而缩水。

因此，当有些自称万能的投资专家向你推荐他的理财方案时，一定只是为了赚你的钱，而不是真心想帮助你增加财富。不要完全相信投资专家的观点，但是也不能全盘否定其观点，尤其是他对个人理财的一些合理性的建议，而不是他指定的哪只股票或者哪只基金。投资专家存在是很有必要的，但是他们不是万能的，成功投资与理财还是必须得靠自己。

婚恋篇

HUNLIANPIAN

1

你知道幸福到底价值几何吗

　　人人都希望自己能够获得幸福。从生活本身来说，幸福是所有人的追求。幸福的获得有许多相关的因素，其中最重要的因素可以说是金钱。可是到底有多少钱的人才是幸福的呢？幸福到底可不可以用金钱来衡量，又价值几何呢？

　　幸福到底如何定义，真不好说。对每个人来说，幸福都有其不同于人的特定阐释。但是不论两个人对幸福的定义相差多远，至少幸福的基础是共同的。幸福其实都是建立在一定的经济基础之上的。

　　每个人无论高低贵贱、贫穷富有，都希望自己的一生能够活在幸福之中，但是很多人并不懂得幸福的含义，所以便认为"幸福只是一种传说"，自己"永远也找不到"。"幸福"是一个古老的话题，从 2000 多年前的亚里士多德到现在的大多数人都认为"幸福是每个人都想得到的东西"。但是到底幸福是一个什么概念，却从来没有一个统一的标准。

　　2002 年的诺贝尔经济学奖获得者之一卡尼曼教授认为，人们最终追求的是生活的幸福，而不是有更多的金钱，不是最大化的财富，是最大化的幸福。财富仅仅是能够带来幸福的因素之一，事实上幸福是由许多其他因素决定的。心理学家认为，幸福是一种心理满足感。简单地说，如果一个人觉得自己的心理得到了满足，那就是得到了幸福。虽然卡尼曼教授说，财富只是能够带来幸福的因素之一，但无疑它是其中十分重要的因素之一。因为人们的满足感至少有一半取决于物质（如购买一件自己喜欢的奢侈品）或劳务（如听一场自己喜欢的音乐会）的获取。而获得这种满足感显然需要付出一定的费用，这就需要拥有一定的财富可供支配。所以说，在人们追求幸福的过程中，财富是其中非常重要的一种因素。

经济学，从微观意义上讲，也可以说是研究人们如何达到幸福的一门学科。18世纪的英国经济学家杰里米·边沁十分信奉一句名言："最好的行为就是给最大多数的人带来最大的幸福。"边沁对经济学的最大贡献之一是提出了"效用"的概念。边沁把效用定义为人们在消费某种产品时从中所取得的满足程度。用他的话来说，效用是指人们对于快乐和痛苦的体验，它是至高无上的君主，指出我们应当做什么以及决定我们将会做什么。从这种意义上来说，一个人要做什么事情，最重要的标准就是看这件事能不能让他从中得到最大的效用。所谓最大效用，实际上就是人们从做这件事情中得到的最大的满足感。满足感最大化也就是最为幸福的时刻。

按照边沁的效用理论来看，幸福似乎可以等同于效用。但事实并非如此，因为人们的欲望会对人们的幸福起着极大的影响。人们得到满足感也可以说是欲望得到满足。所以，著名经济学家萨缪尔森提出了一个幸福方程式：幸福＝效用/欲望。这个公式的意思是说，人的幸福感取决于现实的生活状态与心理期望状态之间的比较。也就是说，当效用一定时，欲望越大，人的幸福感就会越差。但是通常来说，人的欲望是无穷的。正如明代王室诗人朱载堉的《山坡羊·十不足》所写的那样："逐日奔忙只为饥，才得饱食又思衣；置下绫罗身上穿，抬头又嫌房屋低。盖下高楼并大厦，床前缺少美貌妻；娇妻美妾都娶下，又虑出门没马骑。将钱买下高头马，马前马后少跟随；家人招下十数个，有钱没势被人欺。一铨铨到知县位，又说官小势位卑；一攀攀到阁老位，每日思想要登基。一日南面坐天下，

又想神仙下象棋；洞宾与他把棋下，又问哪是上天梯。上天梯子未做下，阎王发牌鬼来催；若非此人大限到，上到天上还嫌低。"

从萨缪尔森的公式来看，人的欲望越大，幸福感就越差。所以，从短期来看，幸福的价值往往并不是取决于自己所拥有的财富多少，而是取决于自己欲望的大小。经济学家研究发现，当人们的收入水平较低时，随着收入增加，人们的幸福程度增加；但是当收入达到一定程度，如每月4 000元~5 000元人民币时，人们的幸福感便很难随着收入的进一步增加而增加，而是呈递减趋势。尽管经济改善和物质水平提高会令人快乐，但不久感觉就会烟消云散，因为原来的奢侈享受已经变成生活必需的一部分，如电话、电视、手机和汽车的拥有，所以也就习以为常了。并且因为收入的增加，人们的欲望也随之增加。一项最新统计显示，在1960年~2000年期间，按不变价格，美国人均收入翻了三番，但是认为自己"非常幸福"的人却从40%下降到了30%左右。在法国、英国和美国等经济发展较快的欧美发达国家，最近的十几年间，精神抑郁的人数却在与年俱增，大约占总人口的11%，而在经济发展相对迟缓的非洲国家，此比例仅为7%上下。这也证明，在收入水平达到一定高度前，收入提高会增加幸福感；但当收入水平超过一定高度时，它的进一步提高未必会明显增加幸福感。只因为人的欲望也随之增加了。

幸福到底价值几何就像幸福的定义到底是什么一样，对于每个人来说都是不同的。因为每个人的欲望都不同，有人注重物质上的满足，有人注重精神上的满足。不同的心理满足追求所需要的效用最大化不同，所以也令幸福产生了不同的"价格"。但是有一点是可以肯定的，当人们的效用一定时，欲望对幸福的价格起决定作用，它决定了幸福价值到底几何。

2

你知道结婚需要付出哪些成本吗

人们做什么事情都是要付出成本的，也都是为了获得收益，但是对于婚姻这种特殊的行为来说，成本有些难以计算，那么结婚到底需要付出哪些成本呢？

一位经济学博士在过了多年的单身生活之后，感到十分疲倦，打算结婚。但他又怕婚姻不如想象中的好，于是，他就按照经济学关于成本与收益的原则列了一份清单：

收益：

第一，两个人贷款供房。

第二，两个人赚钱养家。

第三，遇事有人商量。

第四，下班回家有人做晚餐。

第五，下雨天有人送雨伞。

第六，病了有人陪着去医院。

第七，出差在外地，有人在家照看猫咪。

成本：

第一，不能随意带女人回家。

第二，不能送朋友贵重礼物。

第三，不能自己做决定。

第四，下班后不能太晚回家或不回家。

第五，家里至少要准备两把雨伞。

第六，如果她病了你也要陪她去医院。

第七，出差外地，回家前不能忘了买礼物。

　　通过一系列的对比，他发现结婚的成本与收益是对等的，既不赔也不赚。他厌倦了一直以来的生活，就决定去找个女人结婚，过一种新的生活。于是他开始寻找结婚的对象，在又付出了一些成本之后，找到了一个合适的对象，之后就结婚了。他以为这样完全就不用再付出什么了，只要按照自己计算的做就可以了，但是孰料结婚第三天就出状况了。两个人因为一件小事吵了起来。他一生气推了她一下，结果她却捶了他的胸无数下，还又哭又闹的。博士费了很大的劲才把她哄好。可是事情并没有结束，接下来的一段时间里，他都无法集中精力做事情。他发现原来自己错了。他在计算婚姻的成本与收益时，没有把感情计算进去。因为感情是无法量化的。本来他打算离婚的，但是转念一想，自己已经付出了这么多的成本了，至少要等到收益平衡了再说。然而几十年过去了，他也不知道收益平衡了没有。在这一段时间内，他已经是两个孩子的父亲，事业上也是硕果累累，著作等身，成为著名的经济学家。

　　婚姻的成本与收益是很难计算的，但是也并不是不能计算的，至少有一些成本是可以衡量的，并且能够对人们是否选择结婚的决定起着重要的作用。其成本主要表现在以下几个方面：

　　（一）青春成本。只要一结婚，就意味着告别单身时代所拥有的一切。最明显的机会成本是失去爱上他人的机会。不管后来遇到的人多让自己心动、多呵护、多体贴，都没有任何理由去爱他（她）。

　　（二）道德成本。婚姻是有道德价值的，负载了许多的亲情和义务。

婚姻在形式上是两情相悦的个人行为，但在本质上却是一种社会行为，要接受社会道德标尺的丈量。要对一些人负一定的责任，不仅是对结婚对象，还要对其亲人朋友负责。

（三）经济成本。因为结婚前后必定要增加一些开支，比如举行婚礼，购房购车都是需要两个人支付的。而如果一个人，至少不会为了举行婚礼而支出。所以，结婚是要付出经济成本的。

（四）自由成本。得到幸福家庭的同时，必须放弃很多自由的选择，包括与异性的亲密交往，与狐朋狗友的呼杯唤盏、吆五喝六……另外，选择婚姻必须放弃一部分个人爱好和兴趣。结婚前你有大把的时间无法消磨，结婚后天天是柴米油盐酱醋茶，为家忙为老婆孩子忙，牺牲许多与朋友聚会、放飞个人爱好的时间。

（五）事业上的成本。如果你事业成功，再找个温柔体贴的妻子，那无异于是锦上添花，但也可能一不小心被婚姻拖垮你的事业，或者驮着生活的重负，让你停止了追逐事业的脚步。情感的付出更是无价的，你真心的付出也许是婚姻的凝固剂，婚后生活的润滑剂，但也可能让你的心流血呻吟。

结婚的成本是要以今后的生活作为回报的。付出这么多代价，能否获得期望的回报，这在选择婚姻时是一个未知数。因此婚姻带有一定程度的博彩色彩，并不是所有人的付出都会得到自己期望的回报。如果一个人在结婚之前认为，结婚的成本太高，会得不偿失，就会选择单身生活。而相反的，则会选择结婚。

当然这只是从经济学的角度来分析，因为结婚还有其他一些社会、生理以及心理上的原因。婚姻是一种特殊的成本与收益问题。它对于双方来说都是一种成本的付出，也都是一种收益的获得。两个人对成本投入的回报期望值也不同。但是，如果在结婚前，把成本算清楚也是一种很理智的行为，至少不会草率地作出结婚或者不婚的决定。

3

为什么情感世界中会有"七年之痒"

很多情侣分手或者夫妻婚姻破裂都会将原因归于情感不和、两个人意见有分歧等等。如果不和，很早就会分手了，怎么会维持了七年才发现，因此情感世界中出现"七年之痒"是有着其他真正原因的，那么这个原因到底是什么呢？

"七年之痒"这个词在现在越来越流行，它是指人们在婚姻或者恋情到了第七年的时候可能会经历一次危机的考验。"痒"的意思就是指"不舒服"，这个考验是感情的转折点，一旦成功，感情便能朝向良性健康的方向发展；反之，则可能会导致二人分道扬镳、分崩离析，最终可能导致感情解体、劳燕分飞。当然，七年只是一个概数。总之这个词的意思就是指，感情在经过一段时间之后就会出现危机。

从人的成长角度来讲，大多数人是在婚姻中实现自身的成长。恋爱的时候对自己的认识和把握还不清楚，更不知道自己需要什么样的配偶。随着婚龄的增加，尤其是许多家庭抚育幼儿之后，育儿任务的繁重和教育理念的差距，使婚姻中长期积累的矛盾慢慢凸显。加之双方人生发展轨迹的不同，造成实力的悬殊和共同语言的减少。婚姻专家指出，最大的离婚理由，不是婚外情，而是夫妇二人不能配合，不能再生活在一起。从沟通的方式来讲，中国有句俗话"熟人不讲理"，夫妻间的关系太熟了，往往忽略配偶的需要，不再选择表达的方式，在表露自己情感的时候不加掩饰，很多情况下会伤及对方。严重的会造成感情不和，并终以分手收场。

其实这种现象也可以从经济学角度来解释。这也是一种"边际效用递减"。所谓"边际效用递减"就是指，一种产品对于一个人来说，其额外效用随着已有总消费量的每一次增加而递减。这一定律从生理上来最容易解释清楚。比如一个人在非常饥饿的情况下，吃第一个包子，会感觉很好，再吃一个也不错，可是吃到第三个时就会觉得有些肚子胀了，而如果再逼他吃第四个，他就会坚决反对了。因为这种满足感随着肚子越来越饱而递减了。正如下雨天的时候，一把伞是雪中送炭，两把就有些勉为其难，而三把、四把，就会成为累赘，给人带来不便。这就是边际效用递减的生动体现。

我们都知道，人们无论做什么事情都是希望自己能够得到最大化的经济效益。所以，才会有多给一个苹果，就会有揽到更多回头客的现象。但是时间久了，慢慢地也会出现买者不再在乎这一个苹果的现象，那就是因为他得到的多了，也就渐渐地不在乎这点儿小便宜了。

在日常生活中我们还经常会有这样的体验：如果一个陌生人向我们伸出了援助之手，哪怕只是一点微不足道的帮助，我们都会感激不尽。但是，在家庭生活中的妻子和丈夫常常无视对方为自己所做的一切，认为"这是责任和义务"，而不是因为"爱"和"关心"；一旦外人对自己做出类似行为，则会认为这是"关心"，是"爱的表示"理所当然的。当我们遇到问题时，我们的亲朋好友大力相助，并不让我们觉得奇怪与感激，因为我们总是认为"他是我的亲戚"、"他是我的朋友"，帮助我是理所应当的。实际上，任何人为自己做任何事情都不是应该的，因为每个人并没有必须要对另一个人付出的义务。假以爱的名义来看待别人对待自己的态度往往是不符合人性中与生俱来的经济学追求——使自己的利益达到最大化的。

静和盈是闺中密友，两人几乎是同时交的男朋友。情人节那天，二人都

收到了一大束玫瑰，可是同事们发现二人面对如此珍贵而又浪漫的礼物时的反应却大相径庭。面对男友递过来的玫瑰，静表现出的不仅仅是欣喜若狂，在她的眼中闪烁着一种感受到被呵护、被关爱的极度幸福感。静当场给了男友一个深情的拥抱，甚至不顾旁边有他人在场，深情地亲吻了男友。而相比之下，盈的反应则太过于平静了。面对那束娇艳欲滴的玫瑰花，盈只是浅浅一笑，没有多少感动与兴奋。为什么同样收到礼物，两个人的反应却截然相反呢？事后大家才知道，原来盈的男友在情人节前的那两个月，每周都会送盈一束玫瑰花；而静的男友从来没有送过玫瑰花给她。所以两人才会有如此不同的反应。很明显，如果盈的男友不是一直都有送玫瑰花给她的习惯，那么在情人节那天，盈的反应也会和静一样，感动而兴奋。这就是一种"边际效用递减"。因为玫瑰花送多了，所以就失去新鲜感了。收到玫瑰花的喜悦之情随着一次次的获得而慢慢递减，直到消失殆尽。

男女双方的情感其实也像送收玫瑰花的反应。在双方刚刚被吸引的时候，看到的多是对方的优点，看到的是自己被对方吸引的那些好处。而对于对方的缺点，也会十分宽宏大量地包容。但是当二人在一起的时间久了，慢慢地就会发现彼此的优点因为见识得太多了，也就没有什么过人之处了。而对方的缺点，也在这种情况下越来越凸显出来，并且让自己越来越难以忍受，到最后就会出现情感不和，出现"痒"。通常情况下，两人在一起之后的生活会由原来的新鲜与激情变得越来越平淡，也就会使双方越来越觉得无趣。事实上，生活本来就是"柴米油盐酱醋茶"，不可能有太多的激情与新鲜。而那些没有躲过七年之痒的人，就是因为受不了"边际效用递减"给自己带来的平淡生活，或者对对方有了深刻的认识之后失去新鲜感，而以婚姻失败，或者感情破裂而告终。那些经过"七年之痒"最终还能在一起的情感则是因为在经过这种磨合之后，理解了情感生活的真谛，真正寻找到了自己在情感中所需要的。婚姻或者情感的失败者都是经历一个"热恋—婚姻（情感）—无趣—疲惫—逃离"的过程，而成功者则在逃

离的时候选择了坚持，最终又回归到了婚姻或者情感中。

4

一味地反对"门当户对"到底对不对

"门当户对"一词，很容易让人联想到"封建"、"守旧"等和上个世纪乃至上上个世纪的封建制度下的生活、婚姻的旧习、旧俗。可是现在很多人认为"门当户对"的婚姻理念不仅是正确的，而且是颠扑不破的真理。但是有一些人还是认为这种观念是错误的。那么这一婚姻理念到底应不应该反对呢？

如果用经济学原理来分析，婚姻也属于一种投资行为。正如投资有风险一样，婚姻也是有风险的。从目前的情况来看，中国人的离婚率越来越高，一方面是因为离婚的手续越来越简单，人们的观念越来越人性化，另一方面也是因为婚姻出现问题的人越来越多。实际上婚姻出现问题的主要原因并不是夫妻双方中有人对婚姻不忠诚，而是因为感情不和。感情不和的一个重要原因就是夫妻双方在感情中出现了不平等。从经济学上来说，人们在进行交易时，是一种公平的行为，只有公平的交易才能使双方都能满意并持续进行。

我们从一些文艺作品中看到许多反对门当户对的爱情故事。这些故事看上去很美，男女主人公为了爱情，背叛了一切，后来冲破重重阻力，终于得到了认可，结为连理，但是结婚之后，并不像童话故事的结局一样，王子和公主从此过着幸福的生活。往往会因为两人之间的差异而最终分开或者以离婚告终，或者在不幸的婚姻中了此余生。这种婚姻之所以破裂，主要的原因是因为双方的差距，用一句俗话说就是因为男女双方"门不当户不对"。"门当户对"一词，很容易让人联想到"封建"、"守旧"等和上个世纪乃至上上个世纪的封建制度下的生活、婚姻的旧习、旧俗。然而，存在即合理，门当户对的择偶理念有其存在的原因和现实意义。婚姻来自人们的需求，需求取决于人的欲望，又受制于个人的能力。婚姻的关键是欲望与能力，欲望是生理与心理的需求，而能力却是先天或者后天的禀赋。所谓先天禀赋在经济学上是指父辈家庭的资源，比如财富、社会背景；后天禀赋是指通过自身的努力而获取的资源，比如学历、财富、人脉等等。

婚姻的双方都是希望通过为自己最小成本的付出取得最大的效用。有些婚姻的确达成了成本小于收益的目标。比如某些女性成功嫁给了大款，或者某些男性也娶到了富婆。然而，从长期来看却可能因为各方面差异过大造成彼此无法真正了解从而无法实现谅解，恶果是相互猜疑、指责，爱人变仇人，从而因为门不当户不对造成长期的损失。因为婚姻作为一种投资，每个人都希望能够得到自己最大的收益。其中那些嫁了大款的年轻女子或者娶了富婆的年轻男子以极小的代价换取了极大的收益。但是对于婚姻的另一方来说，他们却没有得到自己想要的。但凡这种婚姻，都是以金钱来购买美貌与年轻。这的确是一种天生的资本，但是这种资本不是升值的，而是不断贬值的。如花美眷也无法永远经得起似水流年的侵蚀。美貌会随着时间而流逝，年轻也会因时空转换而不复存在。在这种情况下，买方必然会对"商品"的价值重新估值，虽然这是一种特殊的商品，但是也难免人老珠黄被弃的命运。

这也就是为什么千百年来，人们在选择婚姻时首先要考虑门当户对的原因。那么为什么门当户对的婚姻就比较稳定呢？婚姻是一种很现实的东西。在爱情中，人们也许会爱到死去活来，但是婚姻却是需要理性来选择与维系的。

　　"木门对木门，竹门对竹门"的婚姻观念其实一直影响着人们的择偶标准。只不过，过去的门当户对被另外一种代替，讲究的是"个人综合条件对等"。新"门当户对"论其实就是指个人综合条件对等律。

　　我们都知道《红楼梦》中贾宝玉、林黛玉的爱情令许多人感到叹息。实际上，在现实生活中，宝黛二人的婚姻也是不可能的，即便结了婚也不会有美好的结局。婚姻对于娶嫁双方来说，都是一个极其重大的投资行为，甚至可能牵扯到整个家庭。贾母虽然怜爱林黛玉，但是心里从未真正想过把她许配给宝玉，最多不过说说罢了。再对比二人的情况，宝黛二人之间的差距很大，成长背景不同，经济条件不同，性格脾气也不同，虽然有感情，但是婚姻并不仅仅需要感情，并且在婚姻面前，感情往往很无力，这都注定了二人不可能有结果，这也是为什么贾母等人不为二人结亲的原因。

　　门当户对，实际上就是指信息对称，其实每个人都在进行这种考量。介绍对象时，双方父母首先会从以下各方面进行考量：年龄、身高、学历、职业、收入以及对方家庭情况。现代的"门当户对"讲的是个人综合条件，不光看父母、看出身，还要看个人方方面面的条件。假使家庭情况不好，只要个人能力比较强，也能够消减。比如虽然现在的你挣钱不多，却是地地道道的"潜力股"，未来大有前途，也是"门户"考虑的重要条件。父母、家庭只是综合条件的因素之二。

　　"门当户对"的基本要求其实就是强调交易中的男女双方在各方面的信息能够相称，能够达到匹配。一个婚姻关系不仅代表两个个体的结合，更连接了两个家庭及各种社会关系，一旦有太大的"落差"，很容易导致婚后夫妻双方地位的不平等。一个人生长的家庭环境，特别是父母的一举一动、所作所为都会影响子女的情感、心理、行为等方面的成长，父母关系会直接或间接地影响子女婚后夫妻之间的关系。

　　人们喜欢用"投缘"来形容两个人的融洽相处。"投缘"实际上也是一种信息对称，双方的成本与收益能够得到满足。因为不同的人格之间具

有相容性和排斥性这两个必然的特点。因此，只有当两个人之间的人格具有较低的冲突性时，彼此才容易相处。此外，在婚姻关系中，人们经常会用到"共同语言"这一词语。很明显，两个人如果文化程度相差太大，就不可能会有共同语言，因为两个人在社会心态、个人修养、价值取向、思维方式甚至兴趣志向上不可能有太多的交叉点，而且这也是难以达到甚至是不可能的。倘若差异太大的人长期生活在一起时，必然会因为观念上的差异、沟通的困难、处理矛盾的态度和能力上的差异，出现众多的冲突。这也是信息不对称的后果，也是门不当户不对的结局。

从种种迹象可以看出，两个在各种条件相同或者相近的人结合越容易产生效用的最大化，双方能够从婚姻中获得更大的利益，而与境况稍差的人结合的话，则可能导致个人效用的减少。因此，从经济学的角度上看，门当户对的原因是个体为实现利益最大化。所以说，"门当户对"的择偶标准是最优选择，不仅不应反对，还应大力提倡。

5

择偶如选股，你知道如何挑选一只有潜力的股票吗

每个人都希望自己的人生伴侣是一只潜力股。可是，选择潜力股并不是一件容易的事，因为潜力股是有潜力，但是却又很难看出在哪里有潜力，潜力到何时才能爆发出来。选择一只潜力股是很困难的，但是又是必须的。可是如何才能在众多的泡沫股与垃圾股中挑选出一只适合自己的潜力股呢？

选择配偶，正如上一篇中所说的，最好是选择"门当户对"的。但是

事实上，不可能存在完全对等的两个人。所以，门当户对也只是一个相对的概念。其实人们在以门当户对为标准选择配偶的时候，往往是综合考量的，若是把择偶比作选股，其中一个重要的考量就是要选择一只好的股票。

现在流行的说法是择偶的一方通常把另一方比作一只股票，然后分为绩优股、潜力股、泡沫股、垃圾股。在股票市场上，这四种股票的定义分别为：

绩优股，主要指的是业绩优良且比较稳定的大公司股票。这些大公司经过长时间的努力，在行业内达到了较高的市场占有率，形成了经营规模优势，利润稳步增长，市场知名度很高。

潜力股，是指在未来一段时期存在上涨潜力的股票或具有潜在投资预期的股票。

泡沫股，是指股票的价值虚高，过分地通过人为炒作使股票的价格升高，但是时间久了之后，这种股票的真正价值被人识破之后就会跌下来。

垃圾股，指的是业绩较差的公司的股票，与绩优股相对应。这类上市公司或者由于行业前景不好，或者由于经营不善等，有的甚至进入亏损行列。其股票在市场上的表现委靡不振，股价走低，交投不活跃，年终分红也差。

每一个选股的人都愿意选择一只绩优股。可是对于年轻人来说，绩优股想要找的往往是绩优股，并且绩优股也不是很多，竞争力往往过强。而有些人是绩优股，但不是已婚，就是离婚，年龄也过大，至少在年龄上不能门当户对。事实上，大部分年轻人都不是绩优股。一般来说，年轻人可以分为三种股：潜力股、泡沫股与垃圾股。

很显然在择偶中，人们都希望自己能够找到一只潜力股，而不是误选泡沫股与垃圾股。可是，选择潜力股并不是一件容易的事，因为潜力股是有潜力，但是却又很难看出在哪里有潜力，潜力到何时才能爆发出来。并且那些泡沫股与垃圾股往往不是以绩优股的形式出现，就是包装成潜力股

来蒙蔽选股人的眼睛。因此，选择一只潜力股是很困难的，但是又是必须的。

可是如何才能在众多的泡沫股与垃圾股中挑选出一只适合自己的潜力股呢？

选择潜力股的关键是着眼于未来的理想走势和发展方向，而不能以当下的成败论英雄。以女人选择男人为例，男人的外表和身高不需要看得太重，学历、职位、家世也仅仅是参考，而才能、胆量、个性等才是衡量他能否在未来的某个时间一路飙升的重要指标。所以，暂时口袋空空的男人可以考虑，但脑袋空空的男人决不能考虑。真正睿智的女孩，不会只注意眼下的表象，而是花更多的时间和精力去了解男孩未来的发展潜力。

有一个女孩，在大学时代她就独具慧眼，看中一个男同学并喜欢上了他。当时在学校里，几乎没有女生会喜欢这个男同学，因为他不仅其貌不扬，而且似乎没有什么长处。唯有她，发现他身上有着常人所没有的潜能，他自立、勤奋，而且有股韧劲。于是，他们开始交往，她照顾他、关心他、陪伴他，后来还和他共同创业，为他放弃工作，不顾一切地支持着他。

后来，她嫁给那个同学，成了他的妻子。这个女孩叫张瑛，而他的丈夫，就是阿里巴巴网站的总裁马云。

选择潜力股男人时不要担心对方暂时没有高收益，害怕你们今后的日子不好过。只要有目标，有能力，并且肯努力，就一定会有未来。一旦对方的才能得到充分发挥，事业就会蒸蒸日上，收入也会稳步增长。那时，两人的感情也更具沉淀感，与这样的男人生活在一起，会让人有安全感、幸福感和满足感。

选择潜力股男人至少有两个因素是必须要考虑的：

首先，这个男人必须是本性忠厚善良的。

谁都渴望"永远的幸福快乐"，然而我们无法否认，婚姻是存在着变数的。你要选择的"潜力股"男人必须在本质上忠厚善良，对你深爱不

弃，否则，将来"升值"了，难保会把当初与之共患难的女人一脚踢开。忠厚善良，这个条件听起来有点老土，但却是致命的一点。

有一个女孩子的男友原来是没有工作的，在共同生活时，他一直对她说："等我找到了工作，你不想工作我就养你一生。"女孩十分感动，于是就把家里的钱全让他管，并且拼命加班，而且一回到家就做家务。朋友看不过去，忍不住说她："你男友闲着在家，为什么不做饭啊？"她说："他学习任务繁重，又要考律师证，又在攻读网络远程MBA。"后来，男友找到了一份好工作之后马上要求跟她分手，原来在考网络MBA时，他认识了一位漂亮的女网友。现在，他打算和这个女网友结婚，所以要跟女孩分手。这种人固然是潜力股，但是却是中山狼。所以，潜力股首要具备的应该是忠厚善良的本性。

其次，他要有真正的"潜在值"。

有些人貌似有才能，有潜力但是实际上是一只泡沫股。他会把自己伪装成潜力股，骗取那些不知其根底的女孩子。小米认识了一个长得很丑的男孩，本来她觉得这个男孩对自己来说也不过是个路人，可是她发现这个男孩说话总是一副志得意满的样子，并且有着远大的理想与抱负，小米感到这是一个有才干的男人。于是当他向她表达爱意的时候就接纳了他，两人发展很快，已经到了谈婚论嫁的地步了。可是慢慢地，她突然发现这个男孩是一个满嘴跑火车的人。这也瞧不起，那也看不惯，而且实际上他却是一个什么也不懂的自大狂。做过好几份工作不是做不了，就是不上进，结果好几年也没有混出个样子来。这种人就是披着潜力股外衣的垃圾股。头脑不清醒、也不会踏实肯干，虚浮于事、夸夸其谈。男人的进取心决定着男人的成败。虽然很多时候进取心不是一望即知的，但可以先看他的辅助条件——聪明的头脑、乐观的精神、实干的态度、敢拼搏的魄力和友善的待人方式等。而"聪明的头脑"往往就是其"潜在值"。

当然，潜力股的潜力也应该是有升值周期的。如果一个人很有潜力，

但是好多年了也一直没有升值，没有一点儿进步，那也是没有用的，也是不能选择的。而有的潜力股则很快就如黑马一样跳出来。这种潜力股一定要抓牢，而绝不能在看不到其升值空间时就否认了，否则就只能后悔了。

6

家庭主妇能创造多少经济价值

家庭妇女虽然没有显性的职业，但是她们却负责一个家庭的所有事务，甚至包括一家的财务。因此可以肯定她们是创造经济价值的，但是又没有人发给她们工资，并且因其劳务的特殊性也难以全部估值，那么到底家庭妇女能够创造多少经济价值呢？

2001年"9·11"事件之后，联邦赔偿基金确定的遇害者赔偿办法据说有很大差别：如果遇害者是家庭妇女，她的丈夫和两个孩子能得到50万美元的赔偿；如果遇害者是华尔街经纪人，他和两个孩子却能得到430万美元。这种差距招致许多受害者家属的强烈抗议，美国政府被迫承诺修改赔偿金发放办法。但是却难以修改，因为无论是压低华尔街经纪人的命价，还是提高家庭妇女的命价，都难以使双方都满意。经纪人一年就可能赚三五十万，纳税额也非常高，压低了明显亏待遗属。而如果把家庭妇女的赔偿金提高到430万，似乎她创造的价值根本没有这么多，甚至有的人认为家庭妇女根本不创造价值。

事实到底怎样呢？实际上，家庭妇女当然是创造价值的，但是其创造的价值却是难以衡量的。如果以创造的社会价值来估计价值的话，家庭妇

女所创造的社会价值也是非常重要的。家庭妇女一般所做的是家务劳动，恰恰是社会运转系统中不可缺少的重要部分。试想一下，如果那些华尔街股票经纪人的家庭中没有人来帮忙料理事务的话，那么他就很难安心地创造价值。可是家庭妇女的家务劳动往往被忽视，因为家庭妇女的劳动并没有具体的物质价值来衡量它。华尔街经纪人的价值可以用他一年所赚取的钱来衡量，而家庭妇女的劳动并没有具体的工资数。所以，美国的一些女权主义者要求丈夫付给她们家务劳动的工资。在当今的社会上，如果没有具体的资金来衡量自己所创造的价值的话，那么价值往往会被忽视，至少从经济学上来讲家庭主妇的价值往往没有得到人们的重视。

细细想来，家庭内部的分工，也可以用经济学理论来解释。亚当·斯密认为分工合作能够使每个人的情况变得更好。比如，法国人能够以远为低廉的成本酿造葡萄酒，英国酿酒成本高，所以愿意进口法国的酒，而英国生产羊毛成本比法国低，所以美国愿意从英国进口羊毛。从分工的道理来看，家庭妇女做家务一般比丈夫强，所以就负责做家务。并且因为家庭主妇不出去工作，有更多的时间做家务，因此其机会成本就会比家庭中需要去工作的人低很多。也就是说，她创造的价值也就被低估了。

家庭主妇创造的价值在分工之后，会因专业化投资而加强。因为每个人的偏好不同，而家庭主妇所从事的工作主要是持家。拿做饭来说，家庭主妇主要是为丈夫与子女提供服务。她所创造的价值也就从消费者的偏好出发，来满足他们的需求。比如她会琢磨怎样做菜才符合丈夫和儿子的口味。比如，儿子吃面喜欢放醋，丈夫闻到面里有醋味儿就反胃。丈夫喜欢吃嫩嫩的炒鸡蛋，做法最好是等油烧得滚烫，熄掉火，然后再放鸡蛋。如此这般的知识，得一点一滴积累，付出的成本也很高。但是她所付出的这些成本并不具有普遍的收益。她所满足的只是丈夫和孩子的特殊口味，一旦离开他们，便没有什么价值。她的专业化投资所形成的人力资本，只在自己和老公的这个特定婚姻关系中有用，离开了老公，离开了这个家，就

会大大贬值。这种形式的专业化投资，在经济学里，叫做"关系特定的投资"。

由此可以说，家庭主妇所创造的价值是难以衡量的。对于她的家庭来说，她所创造的价值是巨大的，但是对于整个市场来说，又没有多大的价值。所以说，美国政府对此是很难定价的。

人们的价值是可以在进行交易的时候得到衡量的。所以，有人就认为家庭主妇的价值可以通过与他人进行交易来衡量。比如，可以让一个家庭主妇到外面去做保姆，去照顾别人的家庭，以此获得一定的收入，这样就能得出家庭主妇的价值来了。这种想法看似简单可行，但是却也难以衡量出家庭主妇在自己家庭中的价值。当然，家庭主妇原来针对自己家庭的个人偏好所进行的投资所形成的专业化，也可以在对其他家庭的个人偏好进行了解之后再进行训练，相信一个称职的家庭主妇也能够很好地实现业务的专业化。但是她的价值也等同于请一个保姆。而家庭主妇在自己家庭中的价值却不仅仅只是保姆。因为家庭主妇在自己的家庭中除了对家人进行照顾之外，还负责其他的一些事情。比如子女的教育，家庭关系的维护，家庭开支的预算与支配等等。并且家庭妇女照顾自己的家庭时会倾注感情，而保姆当然也可能会有感情，但是显然不能与家庭妇女对自己家的家庭所投入的感情相提并论。劳动的价值是可以衡量的，但是感情的价值是不可衡量的。"贸易使每个人的状况变得更好"是经济学十大原理之一，很显然，这一经济学在这里并不能适用。

总之，家庭主妇也能创造社会价值是毋庸置疑的，并且她所创造的价值是"无价"的，对于她自己的家庭来说有着很大的价值，而对于其他人的家庭来说（如果交易的话），却没有太大的价值，所以说，这是很难用金钱来进行衡量的。

7

美貌的经济效益是会打折的

从上文中可以看出，美貌是一种生产力。美貌能够吸引很多人，从而形成一种经济势力，但是美貌却是不能增值的，而且是会打折的，这到底是为什么呢？

一个年轻漂亮的美国女孩在美国一家大型网上论坛金融版上发表了这样一个帖子：

我怎样才能嫁给有钱人？

我下面要说的都是心里话。本人25岁，非常漂亮，是那种让人惊艳的漂亮，谈吐文雅，有品位，想嫁给年薪50万美元的人。也许有人会说我贪心，但在纽约年薪100万才算是中产，本人的要求其实不高。

这个版上有没有年薪超过50万的人？美女们都结婚了吗？我想请教各位一个问题——怎样才能嫁给这样的有钱人？我约会过的人中，最有钱的年薪才25万，这似乎是我的上限。要住进纽约中心公园以西的高级住宅区，年薪25万远远不够。我是诚心诚意来请教的。有几个具体的问题：

一、有钱的单身汉一般都在哪里消磨时光？请列出酒吧、饭店、健身房的名字和详细地址。

二、我应该把目标定在哪个年龄段？

三、为什么有些富豪的妻子看起来相貌平平？我见过有些女孩，长相如同白开水，毫无吸引人的地方，但她们却能嫁入豪门。而单身酒吧里那些迷死人的美女却运气不佳。

四、对于美女们怎么决定谁能做妻子，谁只能做女朋友（我现在的目标是结婚)？

下面是一个华尔街投资专家的回帖：

亲爱的女士：我怀着极大的兴趣看完了贵帖，相信不少女士也有跟美女类似的疑问。让我以一个投资专家的身份，对美女的处境做一下分析。我年薪超过50万，符合美女的择偶标准，所以请相信我并不是在浪费大家的时间。

从生意人的角度来看，跟美女结婚是个糟糕的经营决策，道理再明白不过，请听我解释。抛开细枝末节，美女所说的其实是一笔简单的"财""貌"交易：甲方提供迷人的外表，乙方出钱，公平交易，童叟无欺。但是，这里有个致命的问题，美女的美貌会消逝，但我的钱却不会无缘无故减少。事实上，我的收入很可能会逐年递增，而美女不可能一年比一年漂亮。

因此，从经济学的角度讲，我是增值资产，美女是贬值资产，不但贬值，而且是加速贬值！美女现在25岁，在未来的五年里，美女仍可以保持窈窕的身段、俏丽的容貌，虽然每年略有退步。但美貌消逝的速度会越来越快，如果它是美女仅有的资产，十年以后美女的价值堪忧。

用华尔街术语说，每笔交易都有一个仓位，跟美女交往属于"交易仓位"，一旦价值下跌就要立即抛售，而不宜长期持有——也就是美女想要的婚姻。听起来很残忍，但对一件会加速贬值的物资，明智的选择是租赁，而不是购入。年薪能超过50万的人，当然都不是傻瓜，因此我们只会跟美女交往，但不会跟美女结婚。所以我劝美女不要苦苦寻找嫁给有钱人的秘方。顺便说一句，美女倒可以想办法把自己变成年薪 50 万的人，这比碰到一个有钱的傻瓜的胜算要大。

希望我的回帖能对美女有所帮助。如果美女对"租赁"感兴趣，请跟我联系。

嫁个有钱人是很多年轻女子梦寐以求的事。但是正如这个企业家的回复，"想办法把自己变成年薪 50 万的人，这比碰到一个有钱的傻瓜的胜算要大"，虽然极少有人能够如愿。很多人，尤其是一些年轻的女性常用"自古红颜多薄命"来嗟叹命运对自己的不公。实际上，红颜薄命往往是因为女性朋友把自己看得太高了，就像这个帖子中的美女，以为美貌就一定能够钓得金龟婿。谁都不可能"驻颜有术"，永葆青春，美貌是一种贬值物品，正如这个企业家所说的，从经济学上来讲，如果把美貌这种东西当成商品的话，只能租用，而不能购买。

经济学家假设每个人都是理性的，认为人们在做出经济行为，或者与经济有关的决策时，往往会从自身的经济利益出发。因此，一个想拥有美貌这种商品的人必然会考虑到其贬值的必然结果。这就决定了他不可能会与美女结婚，导致最后在美貌贬值之后，不能抛售。

从成本与收益的角度来考虑，一个有钱人也不会只因为美貌就决定跟某个女子结婚。婚姻跟爱情是两回事。因为婚姻中需要的不是美貌，而是性格的相投、志趣的相近。对于一个男人来说，他需要的女人是一个能够给予他帮助，至少是能够在心理上给予安慰与鼓励的女人，有时候还需要对方能够给自己出出主意。而空有美貌、没有脑子的女子是不可能提供这些需求的。如果得不到这种收益，人们是不可能投入成本的。发这个帖子的美女之所以发现有一些富豪的妻子并不是美貌女子，而只不过是相貌平平的人，也是因为这些女子拥有富豪们所需要比美貌更重要的条件。他们

与这些人结婚是因为达到了成本与收益的平衡，购买到的东西不是贬值的，而有可能是升值的。所以说，之所以美貌并不是很好的资本，是因为美貌是打折商品，没有人愿意为之长期埋单。

而年轻的女子从这个帖子中也应该明白一个道理。美貌固然是重要的，至少能够吸引更多的人，但是更重要的是要提高自己的硬件条件，使自己成为一个优秀的人，而不是一朵会慢慢凋谢的花，只有这样，才能嫁个有钱人，或者嫁给自己理想中的男人，才能成功地将自己推销出去，并且有长久的经济效益。

8

为什么看起来男人总是比女人花心

从心理学上来讲，男人跟女人是同样花心的，可是现实社会中，男人花心的行为却比女人多很多。所以有的女人就认为男人没有一个好东西，可是为什么从心理上来说男女同样花心，现实中却是男人看起来比女人花心得多呢？

某女子与男友在大学相恋四年，毕业后两人一同前往上海工作。她找的工作还不错，而男友没有找到工作，于是她便鼓励男友考研。男友不负期望考上了研究生，女子供他读完三年研究生。满以为男友毕业之后找个好工作，两人会过上比较好的生活。但是没想到的是男友却跟她说，他对她已经没有感情了，要求跟她分手。在她的追问下，男友才承认他已经跟一个女研究生同学在一起很久了。此女子伤心之余，百思不得其解，为什

么男人如此容易变心呢，男人为什么会比女人花心呢？

实际上，从经济学上来说，男人花心属于一种"边际效用递减"。因为该女子与男友在一起已经七年的时间，可以说激情早就已经没有，新鲜感也已经没有了，只有平淡的感情。因此，对于其男友来说，她的效用已经比不上那个女同学了，因此她的男朋友就变心了。当然，从道德上来说，这是不对的，但是从经济学上来分析，这的确是一种合理的现象。

可是为什么女人看起来似乎不比男人花心呢？准确地说，应该是结了婚的女人中花心的比较少！但这并不等于说，边际效用递减在结了婚的女人身上不起作用。结了婚的女人在内心深处未必没有喜欢更英俊更年轻更富有的男性的念头。也就是说，在通常情况下，男女在变心这一问题上的概率是相同的。女性之所以在两性关系中相对不容易出轨，变心的几率较小，是因为女性在成本与收益问题上的考虑比男性复杂与麻烦。只是一般她们不会采取行动，个中道理可以用经济学的成本与收益的方法来分析。

人们采取行动前都是要经过理性思考的，其中最简单的思考就是要考虑成本与收益的问题。假如收益大于成本，人们才会去考虑采取行动，而如果成本大于收益，一般人们就不会去做。从日常观察中可以看到，已婚男人花心，相对于已婚女人的成本是比较低廉的，最多付出一些金钱，进行一些精神上的补偿，实际上，很少有女人因为丈夫花心而坚决要离婚的。倘若女人真要选择离婚，也许正中男人下怀。假定已婚女子打算红杏出墙，心中必然会作出一番权衡。一般来说，已婚女子花心一旦被发现，她所要付出的成本是非常高的。对大部分男人（包括花心的男人）来说，是无论如何不能容忍妻子的不忠的，离婚几乎是必然的选择。因为这种原因离婚的女子在世俗眼里的名声是非常不好的，而想要再找对象，也很难再找到与自己年龄相仿的男人，一般只能找比自己大很多的男人，这在心理上又

很难接受；如果是经济不独立的女子，那就更不会选择离婚了。因为离婚后的生活断绝了经济来源；还有对子女的牵挂，又使女人多了一份负担。所以说，已婚女子红杏出墙的成本远大于收益，因此她们一般会作出坚决不红杏出墙的理性选择。

从经济学的角度来说，人都是理性的，所以婚姻是要控制成本与收益的。一般来说，收益越高的事情，就意味着风险也越大，这一点在婚姻当中同样适用。也就是说，对婚姻的期望值（也就是想要获得的收益）越高，风险也就会越大。上文中的那位女性只看到了供她男友读研毕业后的收益，却没有看到他读研毕业后的风险。假如该女子的男友并没有考研，其收益也就会比较小，而风险也自然会小，也就是说花心的几率就会小。

那么女性应该如何对待丈夫红杏出墙的事呢？大多数情况下，女性在遇到丈夫红杏出墙的时候，如果丈夫有悔改的可能，都会尽量包容。因为这样不仅会显得自己大度，给男人一次改过的机会，同时也不会因为离婚造成一些对自己的不利影响。倘若双方仍然还有感情，不离婚则更是一种最好的选择。

但是倘若男人花心是因为对自己没有感情，或者自己对他也没有了感情，那么这时离婚也许是一种更好的选择。因为从短期来看，女人可能会遭受经济上的损失，但是从长远来看，如果夫妻双方没有感情，那么以后的日子也就不会好过，也就不可能有幸福生活可言。从经济学上来说，这是一种成本大于收益的投资，继续投资是违背人的理性选择的。所以说，在这种情况下，最好的选择就是离婚。

事实上，很多人认为，离婚之后将会失去很多自己原本拥有的东西。有一天，一个女子独自在公园里向隅而泣。有一位老人看到以后，走上前去关切地问她："姑娘，你怎么了，为什么在这里哭得这么伤心啊？"这个女子哭哭啼啼地说："我的孩子死了，结婚五年的丈夫也跟我离婚了，我真的很难过，根本想不通到底是为什么。"这个老人听了以后，没有说几句安慰的话，却哈哈大笑："你真笨！"女子勃然大怒："你怎么能这样呢？我失恋已经很伤心了，你不安慰我也就算了，为什么还要取笑我，说我笨？"这个老人回答道："五年前你是什么情况？"女子回答说："五年前我没有丈夫，也没有孩子。"老人说："那岂不是跟现在差不多？"

当然不可能跟以前差不多，但是前面章节说过的沉没成本的理论告诉我们，已经失去的东西如果再为其付出成本是错误的。也就是说，人们在决定是否去做一件事情的时候，不仅要看这件事对自己有没有好处，而且也看过去是不是已经在这件事情上有过投入，这种做法是不符合经济学原理的。同样，对于离婚来说，如果过多考虑过去的成本与收益也是不对的。

总之，不是男人更花心，而是其花心的成本相对于女人来说小。也不是女人不愿意离婚，而是其离婚的成本比男人大很多。

职场篇

ZHICHANGPIAN

1

为什么李开复的职业变动会引起这么大的社会反响

虽然李开复在很多知名企业中任重要职位，但是他也是一个打工仔，只不过是一个高级的打工仔，可是为什么人们对他这样一个打工仔的职业变动如此专注。他现在自主创业开办创新工场为什么会引起如此巨大的社会反响呢？

2005年9月，李开复离开微软公司跳槽到谷歌时，遭到了微软公司的起诉。2009年9月，李开复离开谷歌公司，自己创办创意工场时，又一次引起了社会的广泛关注。为什么李开复的职业变动会如此引人注目呢？而在热闹美剧《老友记》中，菲比去当电话推销员时，第一个电话打给的一个人是在一家公司中干了几十年的小经理。这个人跟菲比说，自己已经在这家公司干了几十年了，可是没有一个人知道他的名字，而他用很大的纸在墙下贴下了他当天唯一要做的事——自杀，这也没有引起任何人的注意。为什么这个人在公司里工作了这么久却没有引起任何人的注意呢？同样是出来混的，为什么李开复这么重要，但是这个小经理却如此无足轻重呢？

据说有一个球队在一次国际性的比赛中夺得了冠军，得到一笔数额比较大的奖金。因此，奖金的分配出现了问题，球队的所有相关人员都认为自己的功劳最大，因此互不相让，结果发生了很大的争执。几个主力队员觉得他们应该得到大部分奖金，因为成绩主要是他们取得的。其他队员也不甘示弱，说如果没有他们的配合，主力队员就算再厉害，也不可能取得冠军的

成绩。而球队的教练也觉得自己的功劳大，如果没有他的指导和训练，也训练不出好的球员和团队。接着保健医生也不愿意了，他说健康是运动的前提，如果没有他对运动员的身体保健，球员连健康都保持不了，上场打球更是不可能的了。支持他的观点的是，在国际赛事上，一名主力队员的脚扭伤了，如果不是他及时救治，这名球员肯定只能退场，根本不可能赢得这场比赛的胜利。后来，厨师也不愿意了。他说，如果没有我，你们连饭都吃不上，还打什么球啊？所以，最重要的是我，奖金应该全部归我。

实际上，这只不过是一个笑话，但是它也反映了一个十分现实的问题。那就是，在一个团队或者在一个公司中，谁更重要。当然，每个人都认为自己最重要，但是实际上并不是所有的人都重要。如"二八理论"所说的，在一个团队里只有20%的人是最重要的。那么在一个团队或者在一个公司中，到底谁是那最重要的20%呢？一个人在一个团体中之所以重要，并不是取决于他的自尊心与自信心，而是取决于他个人的能力和团队的影响力。对于这个球队来说，每个人都对球队的获胜付出了劳动，但是有些人的劳动是可以取代的，比如厨师，完全可以随时换一个，保健医生、普通球员也是如此。但是对于主力队员来说，并不是随时都能换，随时都能找到的。在一个球队中，主力队员所要求的专业素质和综合素质都很高，这种人才很少，甚至可以用"千军易得，一将难求"来形容，而一般的运动员却相对比较容易得到。如此看来，显然主力队员是稀缺性资源。

所谓稀缺性，又称稀少性，在经济学中特指相对于人类欲望的无限性而言，经济物品或者生产这些物品所需要的资源等的相对有限性。人类拥有无穷的欲望，但只拥有有限的资源，这说明人类永远无法全部满足或实行其无限的欲望，因此资源的有限性促使了竞争及选择的出现。而经济学则是一门研究如何合理地配置稀缺性资源的学科。由此可见，如果球队老板是"理性经济人"，那么他肯定会将大部分奖金奖励给主力球员。

至此，本文开始提出的问题也很容易就得出答案。李开复之所以如此受

关注，是因为对于企业来说，他是一种稀缺性资源。他这种专业人才、特殊性人才给企业所创造的价值远远比普通员工大得多。社会对他投注更多的关注是正常的，而那个小经理对于公司来说，就好比球队的厨师，可有可无，随时有人可以取而代之，所以很少有人关注他，即便他在此工作了几十年。

虽然我们常说，红花再好也需要绿叶陪衬，主流社会也一直宣扬，每一个角色都很重要，没有炊事员，就没有运动员，但运动员所获得的社会认可和回报远比炊事员高，红花的可观赏性也远比绿叶大。在一个社会的分配体系中，决定一个人的人生价值的，是其个人才能和综合素养的稀缺性，而不是他的重要性。再比如，我们都知道清洁工对于社会来说非常重要，一个城市每天都不能缺少清洁工，但是清洁工的工资也许是现代社会中最低的，因为他不是稀缺人才，随时可以找得到。

因此，这也告诉我们，想要在社会上立足，想让自己无论在什么地方都受欢迎，就要使自己成为稀缺性人才，塑造自己的稀缺性。在企业中，总是那些业务尖子受到青睐，他们提升很快，而且工资也高。在市场上，只有那些具有独特性的产品才备受青睐，因为这样的产品稀缺。现代企业有一个口号："人无我有，人有我优，人优我特"，就是为了创造自己产品的稀缺性。人们常常说大学生越来越不值钱了，像白菜一样便宜了。实际上，这种现象的出现，除了大学生的数量越来越多，还有一个重要的原因是，很多大学生并不具备自己的稀缺性优势，所谓千人一面，都没有什么特别之处，因此也就不会受到企业的青睐。

在现代社会，稀缺性可以说就是竞争力。塑造个人的稀缺性，是改变个人命运的重要途径。一个人只有找到自己的稀缺性，把自己塑造成为一个不可替代的稀缺性人才，才能取得成功。因此，只要尽量把自己的兴趣、爱好和专业做到精湛、透彻和深入，这样就有可能成为社会某一领域和人际关系中的稀缺性资源。无论走到哪里都十分抢手，而不会连一份工作都找不到。

2

你知道如何能让自己在职场中越来越具有竞争力吗

核心竞争力才是一个人在竞争中立于不败之地的最重要因素。但是并不是所有的人都具有核心竞争力。有的人也许有核心竞争力，但是自己却不知道，那么如何才能使自己在越来越激烈的市场中更具竞争力呢?

管理学上有一个重要的原理，叫做"木桶原理"。这一原理是由美国管理学家彼得提出的。它是指由多块木板构成的水桶，其价值在于其盛水量的多少，但决定水桶盛水量多少的关键因素不是其最长的板块，而是其最短的板块。这就是说任何一个组织，可能面临的一个共同问题，即构成组织的各个部分往往是优劣不齐的，而劣势部分往往决定整个组织的水平。也就是说，企业的管理水平高低并不是由其管理效率最高的部分——长板——决定，而是由其管理环节最薄弱的环节——短板——决定的。

但是对于个人来说，木桶原理并不一定适用。一个人的能力大小，往往并不是由其"短板"决定的，而是由其"长板"决定的。对于企业的竞争力来说，也是如此。管理学中用"反木桶原理"来解释这一现象。"反木桶原理"的意思是说，木桶最长的一根木板决定了其特色与优势，在一个小范围内成为制高点;对于企业而言，就是指通过凭借其鲜明的特色独树一帜地建立自己的市场，占据市场的制高点。

20世纪70年代，日本、香港、美国的电子表业迅速崛起，对瑞士传统的机械钟表业形成了猛烈的冲击。面对国际钟表市场的激烈竞争，瑞士钟

表制造厂坚持走"专精优特"路线，将产品做到极致，做出了同行业其他人无法取代的特色。从目前来看，瑞士高档豪华表只占现阶段钟表出口量的4%，但其出口值却占其出口总额的50%以上。电子表对于瑞士钟表业来说是一块短板，但是它有一块其他企业无法超越的长板——精密的机械表。

当曾经风靡一时的电子表销声匿迹之时，瑞士手表经久弥新，稳固地坐在钟表市场的头把交椅上。企业的长板正是企业的核心竞争力。所谓核心竞争力就是独一无二的特色。要想在市场中占据一定的市场，就一定要保持冷静的头脑，紧紧钉住最长的木板，将所有的资源都倾注在这块长板上，保证这块木板在所有木桶中最长的地位。

从经济学上来说，这也是属于一种绝对优势与比较优势的分析问题。所谓绝对优势，是指通过运用比另一个生产者更少的投入生产出更好的产品的能力。比较优势是指一个生产者以低于另一个生产者的机会成本生产一种物品的行为。对于瑞士钟表生产商来说，其机械钟表的制造在行业内是属于绝对优势的。没有任何一家企业能够取代其在世界钟表市场上的份额，可以说瑞士钟表垄断着高档机械手表的大部分市场。同时，它也占有比较优势，在钟表市场上，同样能够以比其他工厂更少的成本生产出更好的钟表。但是对于电子表来说，瑞士钟表厂则既不占有绝对优势，也不占有比较优势。因此，企业并没有在电子表风靡全球时投入电子表的生产，而是一直坚持于自己的长板，坚持生产机械钟表。结果巩固了自己的市场份额，并且使自己的钟表制造更加精良，占据了更大的机械钟表市场。

中国有句古话："样样精通就是样样稀松。"从木桶原理说，每块木板都长，就是所有的木板都不长，都是短板。而不论是企业，还是个人，想要在越来越激烈的经济活动竞争中立足、成长与发展，最需要的不是每块板都差不多长，而是有一块木板特别长。也就是说企业要有自己的绝对优势，即便没有绝对优势，也可以退而求其次，有自己的比较优势。企业与

个人都要努力塑造自己的能力，打造自己的核心竞争力。对于企业来说，核心竞争力的打造需要不断的创新与专业。而对于个人来说，打造核心竞争力，要掌握以下三大要素：

（1）人生定位。美国某经济学家说，一个人的成就往往不是决定于其学历，而是取决于其志向，取决于其对自己的人生定位。对自己的期望越高、人生定位越高的人取得的成就往往就越大。

（2）资源与能力。对于个人来说，资源储备是指个人的知识结构，个人所掌握的知识越多，其取得成功的可能性越大。而能力则是指个人的语言表达能力、信息处理能力、解决问题能力、人际交往能力、组织管理能力、领导能力和公众演说能力等。

（3）言行如一。古人说，能言者未必能行，很多人有理想，有志向，但是并无实际行动，只有言行如一的人才能取得成功。

总之，每个人都要了解自己的特长，集中精力与时间塑造自己的个人核心竞争力，提高自己的个人优势。只有这样才能够保证自己的发展，才能保证自己在竞争中有优势。

3

为什么刚毕业的大学生工资越来越低

大学生曾经被看做是"天之骄子"，他们的待遇曾经比普通人高很多，但是这几年很多大学生找不到工作，而找到工作的，工资也很低，这到底是什么原因造成的呢？

因为大学生就业越来越困难，现在出现了一种不正常的现象，大学毕业生的工资没有随着经济的发展而增长，反而越来越少了。据调查，在一些比较发达的沿海城市中，刚毕业的大学生工资期望值居然只有800元。有的人甚至为了谋求立足，找工作时所提要求低到只要管吃管住就可以了。当然，这其中不排除有的人是因为看到自己所谋求的工作前景好，为长远打算起见，"卧薪尝胆"，但是期望工资低却是事实。

这一现象成为一种社会普遍现象之后，除了引发了又一次的"读书无用论"争论，又引起了人们对老板"黑心"，压榨员工的挞伐。十多年前，著名知青作家梁晓声写了一本书，叫做《中国社会各阶层分析》。在这本书中，他对"资产阶级"对工人的剥削进行了严厉的批判。其中他举了一个花被生产厂作为例子。在这家企业中，一床花被的出口价格为150美元，但是厂长支付给工人的工资一个月却只有150元人民币。梁晓声认为工人工资如此之低，花被的价格如此之高，充分说明了资本家对工人的剥削，让人对企业主产生了恨意，而对工人充满了无比的同情。

经济学从来不以道德为标准来评判个人，人们的一切经济行为都是为了使自己的经济利益达到最大化。企业主不是慈善家，他开办工厂是为了获取经济利益，而工人去他的工厂里上班也是为了通过自己的劳动付出来获得一定的经济收益。可是为什么企业主给工人如此低的工资，工人却还愿意在他的工厂里上班呢？这其中便涉及到一个经济学问题，那就是工人工资的决定取决于哪些因素。从经济学上分析，劳动也是一种供求关系的"商品"。工人通过出卖劳动来获得工资，而企业主通过支付工资来获取劳动。劳动的供给与需求共同决定市场的工资水平，在供需达到平衡状态时的工资水平被称为均衡工资。

由此可见，工资的支付水平不是取决于老板赚钱的多少，而是取决于劳动的供需水平。如果劳动的供给量大于需求量，必然会因为工人之间的竞争而使企业主获益，既能购买到最好的劳动，又只需支付较低的价格；

而如果劳动的供给远远低于需求，那么企业主就要花更多的钱购买劳动，而且还购买不到足够好的劳动。根据梁晓声的描述，这家工厂的所在地属于农村。在农村有很多剩余劳动力，远远超过他的工厂所需要的劳动力。因此，在劳动供求关系中供大于求。所以，企业主能够以低价购买到所需的劳动。在当时的农村，人均收入很难达到150元/月，而这种工作又是简单的劳动，没有技术含量，能够从事的人也就会更多，所以工资水平必然会降低。因此，一个月工资虽然只有150元，也完全可以招到许多工人。

在社会转型之前，中国之所以吸引到许多外资入驻，除了因为政策性优惠之外，还有一个重要的原因就是原材料的便宜与劳动力价格的低廉。产品价格高，而成本低廉，尤其是工人工资低是企业主赚钱的主要原因。因为花被的生产并不是一种科技含量很高的劳动，如果市场进入者多，那么企业主就只有通过降低成本，通过降低工人的工资来提高自己的利润。从经济学上来讲，他的这种选择是无可非议的，而且是一种理性的行为。我们前面已经说过，企业主不是慈善家，他的目的当然是为了最大程度地获得经济利益，使自己的经济收益最大化。当劳动的供给远远大于需求时，以低廉的价格来购买劳动力是一种符合经济发展规律的行为。

从目前情况来看，之所以有很多工人愿意忍受企业主的"剥削"，不是因为他们没有别的地方可去，而是因为企业主支付给他们的工资比他们从事其他的劳动赚取的工资多，也就是说，企业主支付的工资能够高于社会同等劳动出卖的价格。由此可见，梁晓声对于企业主的批评如同前面所述美国小说家约翰·勒卡里写小说《忠诚的园丁》来批判制药公司一样，都是从道德层面来对企业主提出批评，而不是从经济活动的规律上来解释出现这种情况的原因。

目前，虽然中国的教育水平远远低于西方发达国家的水平，受过大学教育的人越来越多，但是与中国庞大的人口基数相比，大学毕业生的需求远远大于供给。但是，由于一些地区的大学毕业生待遇并没有提高，至少与大学生所花费的学费相比是不成正比的，所以毕业的学生大都集中于沿海经济相对发达的地区或者各大中城市。再加上大学教育的滞后性，学科设置跟不上社会需求等等原因，造成了大学生的相对过剩。因此，出现了一种畸形的供给过剩现象。而根据供给与需求的简单关系，企业对大学生的估价自然会降低，也就自然而然地造成了大学生刚毕业时，对工资的期望值越来越低，所获得的工资也越来越低的现象。从经济学上来说，这是一种符合规律的现象，企业作出的这种决策正是遵循了市场发展的经济规律。

4

为什么很多企业都实行效率工资

"能者多劳，多劳多得"曾经是鼓励人们努力工作，努力赚钱的口号，事实上那些勤劳的人也的确通过更多的劳动而获得了更多的经济效益。可是现在却不行了，多劳不一定多得了，能者也就不愿意多劳。许多企业就都转而实行效率工资，这到底是什么原因呢？

20世纪初，美国汽车行业开始飞速发展时，汽车工人的流动性很强，给企业的稳定发展带来压力。而且，劳动市场需求旺盛也在一定程度上助长了工人跳槽的机会选择。1914年1月，福特汽车的创始人亨利·福特开始向其工人支付每天5美元的工资。当时工人的工资一般在每天2美元～3美元之间，福特公司的工资远远高于均衡水平。求职者在福特汽车工厂外排起了长队，为争抢工作岗位几乎发生骚乱。很多人对此甚为不解，认为福特

是不是昏了头。但是事实证明福特的做法是正确的。

有一份当时的调查报告显示：从1913年的最后一天以来，福特工厂的劳动成本每天都在下降。高工资提高了工人的积极性，增强了企业的凝聚力，福特公司雇员的辞职率下降了87％，解雇率下降了90％，缺勤率也下降了75％。高工资带来了更高的劳动生产率，使企业的生产成本大幅降低。

亨利·福特后来说："我们想支付这些工资，以便公司有一个持久的基础。我们为未来而建设，低工资的企业总是无保障的。为每天8小时支付5美元是我们所做出的最好的减少成本的事之一。"通过支付高工资来降低成本显然是不符合经济学中的劳动供求关系的理论逻辑的，但是实际上，却又是最理性的做法。因为当时福特汽车给工人支付的工资远远高出其他企业，高工资带来的岗位稳定性，使工人的劳动积极性大幅提高，进而使生产率也跟着提高，从而确确实实地降低了生产成本，因此福特汽车的价格比同行业里的对手便宜，汽车销售量从1909年的58 000辆直线上升到1916年的730 000辆。

福特公司所实行的工资机制就是效率工资。所谓效率工资是指企业支付给员工比市场平均水平高得多的工资，是促使员工努力工作的一种激励与薪酬制度。简单地说，就是指企业支付给员工的工资高于市场平均水平，这样的工资能够有效地激励员工的工作效率，可以提高生产率与企业经营绩效。这种机制能够鼓励员工努力工作，发挥自己的能力，能者多劳，多劳多得，使企业与个人都受益。

实际上，对于企业与员工来说，也存在着信息不对称的经济学问题。企业员工的能力素质及工作努力程度如何，只有处于信息强势的本人才最清楚，而处于信息劣势的企业则是不完全清楚的。而这样就会使企业与员工之间产生一些不合理的工作问题。企业当然希望能够完全了解自己员工的素质，然后量力使用，但是其本身又无法通过考核等方式获取员工能力

的所有信息。因此，这种信息不对称的存在是必然的。而效率工资则为企业了解员工的个人素质提供了方法。企业能够通过传递工资高低的信号来甄别人才素质的高低和工作努力程度：如果企业选择低工资水平，就会出现能力素质低的人员前来滥竽充数，可能形成"混同均衡"，不易区分人才的良莠；如果企业选择高水平工资（效率工资），就能把那些高素质的人才吸引过来努力工作，而那些素质低的人因不具备应有的素质以及承受不了工作压力，即使给他再高的工资，他也不会选择高水平的效率工资。企业通过这种方式就很容易甄别出员工素质的优劣来了。

此外，企业还能通过效率工资的激励作用来提高自己的竞争力。因为企业实行了高水平的效率工资，高素质人才就不会因怕遭到解雇而选择企业所不愿意的行动（如偷懒或兼职），从而维持自己的最大效用，同时企业因工资提高而减少了对员工的需求。而企业的员工另谋职业的机会成本代价也会相应提高，这就激励员工在一个稳固的岗位上工作，这种双层作用激励机制会促使员工更加努力工作。由于企业实行了效率工资，对员工的总需求降低，从而真正降低了单位效率上总劳动成本。所以，实行高水平的"效率工资"是理性企业的最优行动选择。这也就是为什么许多企业都愿意实行效率工资的原因。

作为企业最优选择的效率工资主要有以下几个方面的特点：

（1）效率工资是一种交换行为。在效率工资理论中，有一个基本假定，企业的效率工资是用来交换员工加倍工作的，而员工的加倍工作用来获取企业的高工资，社会关系中的互惠原则是效率工资发挥作用的基本条件；

（2）一旦发现"偷懒"行为应立即严惩。在效率工资理论中，效率工资发挥的主要作用是激励和约束。因此，企业与员工都必须遵守游戏规则，如果有员工偷懒，企业必须严惩，这是保证效率工资起作用的重要前提，只有这样，才会公平、公正，员工才会努力工作；

（3）效率工资水平的确定具有主观性。员工对企业的认同感，员工之间的合作关系以及对外部失业情况和经济景气状况的判断，都影响效率工资水平以及效率工资的实际效用。因此，企业是否主动支付员工效率工资，是否拥有良好的信誉和名声，尤其是在劳动关系上的名声，都会影响员工对效率工资的判断，进而影响到效率工资的有效激励作用。

从目前情况来看，基本上所有的企业都在实行效率工资，没有一家企业实行如同人民公社时期的统一工资制度。企业的这一做法是符合经济学原理的。因为经济学中最重要的原理之一就是激励作用，人们会对激励作出强烈的反应。如果一个人所得到的工资高于平均水平，那么他就会更加努力地工作，不断地提高自己的工作效率与工作质量。这样对企业与个人来说都是有利的。因此，正如福特公司创始人所说，增加工人的工资"是我们所做出的最好的减少成本的事之一"。

5

三个和尚如何才能有水吃

三个和尚没水吃对谁都是不利的，而每一个和尚都想要水吃，并且都想要吃得最多。那么，如何才能解决这一问题呢？对于企业和企业中的个人来说，这都是一个必然面临而且必须解决的问题。当遇到这种情况的时候，应该怎么办呢？

职场中的每个人无可避免地都要与他人进行合作，没有任何一个人能够独立地完成工作。但是由于人与人之间的利益冲突，合作过程中难免就

会出现问题。有个故事正是说明了这一点：一个和尚挑水吃，两个和尚担水吃，三个和尚没水吃。从经济学的角度来说，每个人所做的一切事情都是为了使自己的经济利益达到最大化，都是利己的。所以，三个人中的任何一个人都不会去挑水给另外两个人喝，而三个人中的任何两个人也不会抬水给第三个人喝，所以，三个和尚没水吃就成为了必然的结果。

"三个和尚没水吃"这个问题是一个历来受关注的问题。苏格兰哲学家大卫·休谟曾经描述过人们不选择合作的现象与原因："你的玉米今天成熟了，我的明天也可以割了。让我们来做件对双方都有利的事吧，今天我给你干，明天你来帮我。我这可不是对你发善心，我知道你也不是。因此，我不会为了你的利益而费心尽力，我帮你干是为了我自己，是期望得到回报。我知道，要指望你感恩戴德也是徒劳的，是会令人失望的。如果我让你自己干，你也这样对待我。这样季节过去了，我们俩因为缺乏互相信任与保障，都失去了丰收的果实。"由此可见，人们之所以合作并不是出于所谓的道德问题，而是出于自己的利益。为了使自己的利益达到最大化，在自己力有不逮时，选择与他人进行合作。正如经济学家一致认可的一种观点：贸易使每个人的状况变得更好。农民为了使自己能够及时地收获丰收的果实而进行劳务的互相交换，人们的这种从利己主义出发的行为却引发了利他的行为。但是这并不是说理性人就是利他的，从这段话中我们也可以看出，他们之所以合作，并不是"对你发善心，我知道你也不是。因此，我不会为了你的利益而费尽心力，我帮你干是为了我自己，是期望得到回报"。合作的最终目的还是为了使自己的利益得到最大化。

合作的目的是为了共赢，这也成为当今经济活动中的重要议题，企业竞争的目的不再是一味地拼个你死我活，而是在竞争中求生存，在竞争中求发展，组成强强联合的阵营来共同攻取市场份额。在企业内部，在分工日趋细化的今时今日，各员工之间也需要通过合作来共同完成工作。但是，并不是所有的人都能像收玉米的农民那样进行合作。而且即使是合作，也有可能不能达到预期的目的。在公共地牧羊的例子就很好地证明了这一点。人人都想利己，结果却最终害了自己。

在一些需要合作的领域中，如果大家通过合作，最终的受益者是所有参与合作的人。但是因为缺乏信任与承诺，人人都为自己的利益做打算，从理性的角度来考虑，是为了使自己的利益达到最大化，都会因为考虑到别人可能会占自己的便宜，会开小差，搭便车，所以自己也就会去开小差，搭便车，结果全都如此，自然会发生公共的悲剧，全都以理性的方式做出了"非理性的行为"，导致三个乃至更多的和尚都没有水吃了。

三个和尚没水吃对谁都是不利的，而每一个和尚都想要水吃，并且都想要吃得最多，那么，如何才能解决这一问题呢？对于企业和企业中的个人来说，这都是一个必然面临而且必须解决的问题。经济学家认为，解决三个和尚没水吃的问题需要符合两个条件：一是集体成员的"利益不对称"；二是存在"选择性激励机制"。第一个条件是说，在集体中，有一些成员的利益比其他人的利益大，他的利益动机比较强烈，愿意付出更大的贡献。比如三个和尚没水吃的故事中，有一个和尚是一个大胖子，他每天需要摄取的水分比其他人多很多，因此，他挑水给大家喝的动机可能性就要比另外两个人大很多。第二个条件即"选择性激励机制"。众所周知，激励是经济学的一大原理，人们受到激励的作用而做出经济行为。选择性激励机制分为两种：一种是正向激励，另一种是反向激励。还是以和尚吃水为例，正向激励可以包括，挑水多的人可以多喝水，或者可以获得一些特殊的权利，或者可以因为其挑水的功劳而免除其其他劳动的义务。而反向激励则主要是惩罚性的，比如不挑水的人不准喝水，或者不挑水的人要承担更多的其他劳动。

人们总是以自身的利益最大化为出发点来决定自己的行为，所以要进行合作，要使所有的和尚都有水吃，每个企业或者每个人的利益都能得到最大化的保障，可以从以下几个方面来做：

（一）建立激励机制。给挑水多的和尚以提升地位，改善生活条件等等激励。

（二）制定相关利益制度。将挑水的多少与其消费量挂钩，实行多劳多得的利益相关制度。

（三）惩罚机制的设立。对于不挑水的人进行一定的惩处，以达到公平，使其改正其行为。

可见，三个和尚没水吃的问题不仅是可以解决的，而且能够通过各种激励措施来很好地解决，使和尚们不仅有水吃，而且还能有更多的水吃，在合作中使参与者都受益。

6

3.599 亿元的彩票大奖为什么会使如此多的人去购买彩票

买彩票是一种以小博大，具有赌博性质的投资行为，而能够中奖的人很少，大多数买彩票赔了钱的人基本上都不再买了。可是河南彩民中出3.599 亿元的大奖之后，全国各地又刮起了一股彩票热。为什么人们又抢着去购买彩票呢？

2009 年 10 月 8 日，在双色球开奖中，河南一彩民独中 88 注头奖，总金额高达 3.599 亿元，创中国彩票新纪录。据河南省福利彩票发行中心机房检索发现，88 注全部出自安阳市梅园庄建行楼下的第 41050075 号投注站。中奖彩票是一张 44 倍投注的两注相同的号码，该彩票售出时间为 10 月 8 日 14 时

55 分 05 秒。这一大奖中出之后，中奖者迟迟没有前去兑奖，直到 10 月 28 日时，一名自称姓安的中年男子来到投注站将 3.599 亿的奖金兑现。

该彩民中奖的消息传出之后，在社会上引起了广泛的议论。重庆一个 34 岁的未婚女彩民一直认为是自己中的大奖，在家翻找彩票，后来家人不得不带她去就医。解放军三二四医院精神卫生中心副主任尹烈虎说，该女子强烈希望自己中奖，才产生这些行为，精神已失常。更为重要的是很多人对这次中奖的真实性表示怀疑。而且许多人似乎分析得头头是道：彩票是机选的，并且一次投了 88 注。如果没有猫腻，很少有人会在一组彩票号码上投注如此大的金额。如果是真实的，为什么中奖者迟迟不来领奖，而领奖之后为什么不公开中奖者的身份。

河南省福利彩票发行中心曾为此几度召开新闻发布会，宣布中奖真实有效，但是仍然不能平息人们对此次中奖事件的质疑。为什么人们会对此表示怀疑呢？这与彩票公信力下降不无关系。2001 年湖北"体彩假球案"、2002 年南宁"盗打彩票案"、2004 年"彩世塔"彩票舞弊案、西安"宝马彩票案"、2006 年国内首例彩票销售员利用监管漏洞空投套购巨额福利彩票案以及 2007 年国家体育彩票中心原副主任张伟华案等等一系列暗箱操作案件使人们难以相信大奖真有人凭运气中得。

从经济学上来说，人们对此作出质疑，也是有其原因的。彩票作为一种公共集资手段，为社会公共事业作出了很大的贡献，但是也有一定的消极作用，彩票极大程度上影响劳动供给。劳动者提供劳动是为了获得一定的工资，因此，工资在一定程度上对劳动的供给产生了比较重要的影响。但是工资对劳动的影响却不是简单的一对一的关系，而是有双重影响的。这双重影响，一是替代效应，二是收入效应。一天 24 小时中的一部分时间，人们用来参加工作，获得工资，也就是向市场提供劳动。而剩余的时间，人们大都用来做家务，进行自我教育或者教育子女，或者进行休闲活动等等。因为人的时间都是有限的，所以如果用于自身的时间过多，用于

劳动的时间必然会相对减少，这是一个简单的机会成本问题。理性人假设认为，人们所做的一切决策与行为都是理性的，人们的劳动积极性取决于每小时的工作收益——工资率的高低。

当低于工资率时，劳动者就不愿意提供劳动，而花费更多的时间来处理自己的事情。这种替代效应就是指，随着工资率的提高而劳动者愿意用劳动来代替处理自己事务的时间，愿意提供更多的劳动。因此，替代效应表明，随着工资率的提高，劳动的供给也会相应地增加。而收入效应则是指，工资率越高，劳动者的收入会越多。在其他条件不变的情况下，收入越高的劳动者对各种消费品的需求也会随之增长，而用来处理自己事务的时间也是一种需求。如果一个人的收入增加了，那么他所用于处理自己事务的时间也就会随着增加。因此工资率的提高又会使劳动供给减少。

替代效应与收入效应对劳动的供给产生影响。对于一个国家来说，在经济发展的时候，劳动的供给是增加的，也就是说，替代效应大于收入效应。这是经济发展的先决条件。而当经济发展到一定的水平之后，收入效应大于替代效应，劳动的供给也就会减少。欧美国家的人工作时间少，就是收入效应产生作用的表现。

彩票作为一种特殊的投资手段，其收入效应远远大于替代效应，中奖者提供劳动的积极性就会大大下降。据美国某机构调查研究得出结论：在彩票中赢得5万美元的人，1/4的人在一年内辞职，还有10%的人也相应地减少了工作时间，而当奖金超过100万美元时，几乎一半的人选择不再工作。由此可见，彩票对劳动供给产生了消极的影响。从收入多少上来看，对市场与个人都是不利的。

虽然在博彩中能中奖的人是少数，对劳动供给的影响应该是很微小的。但是彩票在无形中却对人们产生了一种负面激励作用。很多人都会用阿Q"和尚摸得，我摸不得"的心态激励自己。一些想不劳而获，想一夜暴富的人便不愿意再提供劳动，而是去博彩。这必然会使劳动的供给量减少，对个人与劳动市场都产生不利的影响，当然对个人的影响似乎更大一些。

事实也证明，河南彩民大奖得中之后，各地的彩票投注站空前火暴。而一些下岗工人、低收入者或者打工一族更是彩民大军中的主力军。当然这些人中的大多数并没有退出劳动市场，没有成为专职的彩民。但是他们在这种激励之下将自己的劳动所得投入到可能性小到极点的博彩上，而不是用来改善自己的生活，或者提高自己的个人能力上，也不能不说是一种错误的、消极的行为。当然，虽然说买彩票是为了做慈善是一种伪善的言论，但是大多数人的博彩投资却都真正地做了慈善事业。对于低收入人群来说，这是一种十分不利的行为，也是一种违背了经济规律的行为。

7

研究生争抢卖猪肉的岗位是对还是错

一般来说，文化素质越高的人，其工作能力越强，也就越不容易失业。然而，在现实中却出现了1500多名硕士争抢卖猪肉的工作的现象。这种现象的出现到底是对还是错，研究生们的选择到底出于怎样的心理呢？

2008年12月8日，1500名研究生争抢30个卖猪肉的岗位。经过四轮面试、多次实践操作考核后，1500多名硕士研究生应聘者中，有35人脱颖而出，最终获年薪高达8万元~10万元的"猪肉佬"职位。其中，男性27人，占多数，女性仅3人，11人来自中山大学，8人来自华南理工大学，专业涵盖企业管理、生命科学、食品安全等。后来有35名接到录取通知的硕士生中有33人来到天地食品集团总部，与公司签下工作确认书。

据介绍，这些研究生都要被分配到最基层猪肉摊档售卖猪肉，或到上游养殖场喂养家禽，或试管一个区域的营销、经营，基层实践期限半年至一年不等，期满再根据个人的能力和特长优势，视才任用。

这则新闻从报道之日起就引起了社会上的广泛热议。有人认为研究生卖猪肉有辱中国教育，也有人认为研究生如今也已经不再是精英教育，去卖猪肉也无可厚非，况且待遇那么好，何乐而不为呢？这件事引起了人们对中国教育，尤其是大学生的就业问题的思考与议论。

20世纪90年代以来，有着"天之骄子"美誉的大学生也开始面临失业问题，并且日趋严重，这使许多人大为惊骇。大学生失业现象自然引起广泛的关注，成为社会的焦点话题。一时间"大学生毕业就失业"被传得甚嚣尘上，那么我们应该如何看待大学生失业的问题呢，又该如何解决大学生就业的难题呢？

其实，大学生失业现象存在客观必然性。大学生失业现象是取消大学毕业生分配制度、实行"双向选择、自主择业"就业制度的结果，也是适应进一步打破计划经济体制、实行市场经济体制的必然结果。市场经济的一个特点就是公平竞争，竞争的结果必然是优胜劣汰。所以，一部分人在就业竞争中被"淘汰出局"，这是市场经济公平竞争的必然结果。从世界范围上看，大学生失业现象在任何一个市场经济国家都不同程度地存在着，不足为奇。市场经济的另一个特点是追求个人的自由选择，每一个人都有自主择业的权利，相应地也有自主承担择业结果的义务。和计划经济条件下的被动就业相比，大学生自主择业意味着他们获得更多的自由。所以，尽管大学生失业现象造成了一定的人力资源损失，但总体上大学生失业现象体现了市场经济条件下的公平竞争本质，也体现了个人的自由选择，本质上是社会进步和人性解放的必要代价，因而其产生有着合理的因素。

一般来说，文化素质越高的人，其工作能力越强，也就越不容易失业。

但在市场经济相对发达的国家中，没有哪个国家像中国这样出现数量巨大的大学生失业现象。这到底是由什么引起的呢？经济学家郎咸平认为，中国之所以出现如此大规模的大学生失业现象，是由产业链的不正常引起的。

郎咸平说，真正的制造业是制造业的产业链，就是"6 + 1"。"1"就是指制造业，是硬的生产环节，其余"6"是软的环节，即产品设计、原料采购、仓储运输、订单处理、批发经营、零售等六个环节。以美国为主导的国际分工把"6 + 1"里面最差的"1"放在中国。而"1"是不需要大学生的，真正需要大学生的是"6"。"在这种产业链的格局之下，除非你从'1'走到'6'，否则大学生就业一样艰难。"此外，利率不断调升，汇率也不断调升，使得这些出口制造业日子更不好过。因此郎咸平建议，中国的产业政策必须从"1"走到"6"，只有这样问题才能解决，包括大学生就业问题。

郎咸平的这种观点，从劳动力市场上来分析是二元制劳动力市场分割理论。这一理论最早是由美国经济学家多林格尔和皮奥里在 1970 年提出的。该理论认为，整个社会的劳动力市场可以进一步划分为主要劳动力市场和次要劳动力市场。主要劳动力市场的工资较高，劳动条件较好，工作岗位较有保障和职业前景较美好；次要劳动力市场的工资较低，工作条件差，工作具有不稳定性和暂时性。在主要劳动力市场求职的往往是出身富裕家庭、受过良好教育的劳动者；在次要劳动力市场求职的往往是移民、年轻人和妇女劳动者等。并且这两个劳动力市场的就职者相互流动是比较困难的。一般来说，主要劳动力市场的求职者不愿意光顾次要劳动力市场，而次要劳动力市场的求职者根本无法进入主要劳动力市场。因此，人们才会对研究生卖猪肉的事感到不可理喻。

由于我国还是处于市场经济发展的初级阶段，目前不同地域之间经济及文化发展不平衡，二元社会的特点十分明显。所以，两种劳动力市场之间存在许多差别，比如，生活在大中城市不仅收入高，而且各种信息资源

丰富，公共服务设施齐备，人们能便捷地享受现代社会文明成果，生活质量高。相反，生活在小城镇和农村，不仅收入低，而且难以充分享受现代物质文明和精神文明生活，因此，大学生首先选择大中城市工作，"宁要城里一张床，不要农村一幢房"，把"留大城市、去沿海、进特区"作为地区流向的首选。在对"大学生最愿意去哪个城市工作"的调查中，32.37%的学生将上海作为第一就业目标，北京为27.67%，深圳为12.13%，紧跟其后，青岛、大连等沿海发达城市也是大学生向往的城市，而选择去农村工作的毕业生不到总数的5%。

在大学生失业者中，有一部分属于自愿性失业者，即不满意于已有工作机会而继续寻找工作的大学毕业生。根据职业搜寻理论，自愿性失业者之所以放弃毕业时的就业机会，是因为已有的就业机会低于他们的期望值，同时他们预期到未来会有更好的就业机会。在此情况下，一旦选择毕业时的就业机会，就很难随时退出，从而不得不放弃未来更好的就业机会。可见，自愿性失业者宁愿放弃已有的工作机会，是为了寻求满意的工作，这其实是一种出于长期利益最大化的理性选择，而绝不是盲目行为。从这个意义上说，自愿性失业者并非真正的失业者，不应计入大学生失业者之中。但是，目前公布的大学生一次性就业率无法反映这一情况，所以对大学生失业程度有一定的夸大成分。

产业链的调整并不是一朝一夕就能完成的事情，虽然经济的发展促使改变这种状况成为必然的趋势，但是在现阶段是很难实现的。因此，研究生卖猪肉虽然并不是一件好事，但是在不能找到其他工作的前提下，这个工作的待遇又相当好，有些研究生便放下架子，去二元劳动力市场谋求一份职业，也不失为无奈之余的明智之举。

8

自主创业的成本到底是多少

创业是需要付出一定的成本的，很多人在创业之初都会计算投资成本，然后再预测可能的收益，然后再决定是否创业，但是许多人并没有把所有的成本都计算进去，到底创业的成本应该如何计算呢？

现在很多人都不愿意给别人打工，都希望自己当老板，自主创业的人越来越多。据调查统计，中国民营企业的寿命平均不到三年，很多人创业都失败了。出现这种状况的原因，除了经营不善、没有长期的规划之外，还有一个重要的原因就是对创业的成本计算不正确。实际上，很多创业者，尤其是年轻的创业者都不知道如何计算创业的成本。

某人工作了几年之后，存下了 20 万元。他打算自主创业，与自己的妻子一起开办了一家小型玩具加工厂。他找了一个会计计算了一下自己的投资成本：

原材料	60 万
设备折旧	3 万
厂房租金	3 万
水电	3 万
工人工资	10 万
贷款利息	15 万

总成本	94 万
总收益	100 万
利润	6 万

从计算的结果中可以看出，他投资办厂的收益是大于支出的，每年能赚到 6 万元的利润，因此是可以进行创业的。他的这种成本计算，在经济学上被称为会计成本。所谓会计成本是指企业在经营过程中实际发生的一切成本。包括工资、利息、土地和房屋的租金、原材料费用、设备折旧等等。因为这种成本是显而易见的，所以又称为显性成本。

通过会计成本的计算来看，投资办厂是合算的。但是从经济学的角度来看，创业的成本计算则就不是这样算了。经济学家对创业的成本计算应该是如下一笔账：

原材料	60 万
设备折旧	5 万
厂房租金	3 万
水电	3 万
工人工资	10 万
贷款利息	15 万
夫妻二人工作的工资	4 万
20 万元的存款利息	2 万
总成本	102 万
总收益	100 万
利润	−2 万

一个十分简单又容易为人们所忽略的经济学成本就是机会成本，也就是人们为了得到一种东西所付出的其所放弃的东西。从这个办厂的计算中，我们可以看到，这夫妻二人要开办工厂，除了要付出显性的成本，还有一些隐藏的成本要付出，在经济学上，这被称为"隐性成本"。所谓"隐性成本"，简单地说就是指不需要企业支出货币的投资成本。这种成本因为不需要现金的投入，所以就往往容易被忽略。比如，他的20万元存款存放在银行里，可能会有2万元的利息收入。而如果投资办厂，这2万元的收入就没有了，也就是说这2万元在经济学上的成本计算中也是要计入在内的。虽然机会成本所要计算的成本并不在数字上得以显现，但是它作为一种观念上的成本对人们的创业决定起着十分重要的影响。

经济学上的成本包括显性成本与隐性成本。经济成本与会计成本主要有以下几点的区别：

一、经济成本包括开办工厂需要向自己支付的工资。从机会成本的角度来计算，如果他们不自主创业，可以去工作，两个的工资收入一年至少有4万元。他们没有去工作，则得不到4万元的工资收入。因此工作的收入也应该是其自主创业所付出的代价，也就是要付出的成本。

二、经济成本还包括办厂时放弃的自有资源的利息。二人共有20万元的存款。如果自主创业，当然要把自己拥有的20万资金投入到工厂中去。这样自然就得不到存在银行里可能增值的2万元的利润了。但是会计成本是不会计算这些收入损失的，而机会成本则是一定要计算在内的。而如果他们将这20万用于炒股或者其他的投资项目，可能会得到更多的收益，当然也难免会有风险，因此计算2万元的银行利息收入是最低，也是最可信的机会成本。

三、虽然会计成本与经济成本中都有设备折旧这一项。但是二者的计算方法是不同的。会计成本是根据设备的使用年限来计算的。比如15万元

的设备，可能会在五年内平摊成本，也就是说每年的设备投入为 3 万元。但是经济学中的成本计算则是用现值来计算的。去年买的设备，现在拿出去转让，可能只卖 10 万元，也就是说，一年就会折旧损失 5 万元。

所以说，从会计成本来算，一年的总投资为 94 万元，如果以此为标准来做自主创业的决定，很明显，有 6 万元的利润是可以投资的。但是以经济学家的算法，计入隐性成本，工资的 4 万元、利息收入的 2 万元和折旧费的 2 万元，总成本投资则为 102 万元。以此为标准来看，利润的收入则是 –2 万元。很显然，从经济学成本上来考虑，自主创业是不合意的。

从这个例子我们就能明白，为什么很多人觉得明明是赚钱的买卖，从账面上来看，的确是有利润收益的，但是却发现自己的生活不如以前好过了，处处捉襟见肘，结果最后支撑不下去了，只好关闭工厂，创业失败。

会计对创业成本的计算没有错，但是这种成本计算只是从数字上、账面上来计算的，是不全面的。因为人们进行任何经济活动首先都是要付出机会成本的。如果机会成本这种隐性成本加上显性成本的总投资成本小于自主创业所得的经济收益，那么投资创业是有利可图的，而如果大于总收益，那么创业就会有损失，也就注定了一定要失败，所以就没有必要再做自主创业的选择了。

所以说，投资创业与否，会计成本是需要计算的，而被忽略的机会成本则更是需要考虑在内的，否则就一定会导致失败，而且还不知道自己到底是为什么失败的。

交际篇

JIAOJIPIAN

1

为什么有些朋友能相交一辈子，
而有的却只能来往一两次

我们都会发现这种现象，有的人认识很久了，但并不是经常联系，可是却一直是朋友，而有的人刚认识的时候关系非常好，但是交往几次之后就不再联系了。为什么有的友谊"情比金坚"，有的友谊则是"一锤子买卖"？为什么同样是朋友，结果却截然相反呢？

据统计，每个人的一生可能认识的人有2 000个左右。而实际上，在每个人的人生不同阶段有互动关系，或者比较熟悉的人并不多，除去有血缘关系的人，在不同时期，与自己关系比较密切的人也就五六十人。我们都会发现这种现象，有的人认识很久了，但并不是经常联系，可是却一直是朋友，而有的人刚认识的时候关系非常好，但是交往几次之后就不再联系了。为什么有的友谊"情比金坚"，有的友谊则是"一锤子买卖"？

抛开人与人之间的感情不说，从经济学上来讲，有些人之所以能够相交一生是因为其背叛的成本高，也就是说与朋友断绝关系是得不偿失的，因此他会选择与朋友保持良好的关系。而有的人之所以只能来往一两次，就是因为背叛的成本低，或者说是背叛之后得到的利益比继续交往得到的多。

从经济学基础学科博弈论的角度来说，这是一个重复博弈的过程。所谓重复博弈，是指将一个博弈重复进行下去。我们知道，在单个的囚徒困境博弈中，双方采取对抗的策略可使个人收益最大化。假设甲乙二人进行博弈，甲乙均采取合作态度，双方的收益均为 50 元；甲合作乙对抗，则甲的收益为 0 元，乙的收益为 100 元；乙合作甲对抗，则甲的收益为 100 元，乙的收益为 0 元；甲乙二人均对抗，则双方收益均为 10 元。由此我们可以看到，如果双方都合作，每个人都将得到 50 元，而如果双方都对抗，则各自只能得到 10 元。那么人们为什么还会选择对抗而不是合作呢？原因就在于这是一个一次性博弈的囚徒困境——既然无论对方选择什么，选择对抗总是我的最优策略，那么作为一个"理性经济人"，我自然就会选择对抗。

的确，如果就一次性博弈来看，对抗，对抗是必然的结果。但是，如果甲、乙具有长期关系（比如他们是生意上的长期合作者），那么情况则有所改观。因为我们可以作如下推理：如果双方一直对抗，那么大家每次都只能获得 10 元的收益；而如果合作，则每次都可得到 50 元。最重要的是，假定甲选择合作而乙选择对抗，那么乙虽然在这一次可以多得到 50 元（100－50＝50），但从此甲不再与他合作，乙就将损失以后所有的得到 50 元的机会。因此从长远利益来看，选择对抗对双方而言并不聪明，合作反而是二人最好的选择。

这更真实地反映了日常生活中人们合作与对抗的关系。比如在公共汽车上，两个陌生人会为一个座位争吵，因为彼此知道，这是一次性博弈，吵过了谁也不会再见到谁，因此谁也不肯在嘴上吃亏；可如果他们相互认识，就会相互谦让，因为他们知道，二者以后还会有碰面甚至交往的可能。两个朋友因为什么事情发生了争吵，如果不想彻底决裂，通常都会在争吵中留有余地，因为二人日后还要"重复博弈"。

其实，人与人之间是否继续交往，从理性的角度来分析就是要看双方继续博弈是否对彼此都有利，如果一方觉得无利，那么交往也就会停止。而如果双方都觉得有利，那么就会"重复博弈"，继续进行交往。经济学

认为每个人都是理性的，每个人所做的决策都是为了使自己的利益达到最大化，如果背叛对自己是有利的，就会选择背叛。

我们通常会看到陌生人之间会为了踩一脚而发生口角甚至挥拳相向，而如果是经常见面的熟人，即使是脾气不好的人也会互相谦让，这是因为大家抬头不见低头见，交往间的利益博弈是长久的重复博弈。可以在常去的小店买东西吃饭赊账往往是因为大家就住附近，未来还有合作的空间。到菜场去买菜，之所以不担心上当受骗，是因为卖菜的摊主便会对你说："你放心好了，我天天在这里卖菜，不会骗你的，如果菜不好你回来找我！"强调自己"天天"在这里卖菜，用经济学的术语就是说"我跟你是在进行重复博弈"。以上种种都决定了不可能背叛，因为背叛的损失是巨大的。

而在一次性的买卖活动中却往往发生背叛的行为。因为双方以后不会再有买卖的机会时，其中一方本着利己的原则，就会尽量牟取暴利，因此就会用一切手段来欺骗顾客。比如车站、码头、旅游景点的东西往往质次价高，其原因就在于买卖双方很少有"重复博弈"的机会。小贩们知道游客也许一辈子也就来这里一次，所以狠狠宰你没商量的一锤子买卖是个人的优先理性选择。也就是说，小贩和游客进行的是"一次博弈"。

对于朋友之间的关系。有的人与自己结交是长期的，对双方都有利的，因此就不会轻易背叛；而有的人与自己结交的目的是为了一次性的利益，所以在自己的利益得到之后，继续交往就没有任何意义了，而如果双方在博弈过程中没有建立起可以继续博弈的利益诉求点，那么背叛对于其中一方或者双方来说都是最优选择，因此这种人只会选择背叛。虽然从道德层面上来说，这是不对的，但是经济学是从个人的利益层面上来考虑的，从利益上来看，背叛是最好的选择，人们就会理性地选择背叛。这就是为什么，有的人可以长久地建立越来越深的关系，而有的人则只能进行一两次交往就结束的原因。当然，有时候人们也会遇到这种情况，一个本来与自

己已经基本上不往来的人，可能在很久之后又与自己"变得"熟络了。这时，人们的第一反应就是，对方与自己套近乎是有原因的，是有求于己，而这时自己往往也会考虑之后会不会与其有往来，对自己来说是否有利而作出合作或者背叛的区别。其实这也是博弈论在影响着人们的思考。总之，人与人之间能不能进行长久的交往是一种合作与背叛的考虑，也是一种成本与收益的经济学考虑。

2

为什么最优秀的有时候却是最先被淘汰的

最优秀的人到哪里都应该是最抢手的，最漂亮的女人应该最先嫁出去，最有能力的人才应该最先找到工作，可是有时候我们却发现，最优秀的人却最先被淘汰出局，是什么导致这种反常的现象出现的呢？

在舞会上，有四个年轻男子没有舞伴，这时恰巧来了五个美丽的年轻女子，其中有一个姑娘特别漂亮。这时，如果想和舞会上漂亮的姑娘共舞一曲，四个男孩子最明智的策略是邀请其余四个不那么漂亮的姑娘跳舞。因为，如果大家都去邀请最漂亮的姑娘跳舞，那么只会有一个胜出者，而且剩下的姑娘由于你没有把她作为第一选择会感觉到恼怒，这样做的结果是三个人都找不到舞伴。而且这四个人谁也不敢肯定自己会被接受，所以为了安全起见，为了自己能够得到舞伴，他们都不会去选择这个最漂亮的姑娘。

这个故事不仅告诉了我们人们为了自己的最大利益而选择背叛的原因，

还告诉了我们一个难以理解的事情：那就是最优秀的却最先被淘汰了。舞会中那个最漂亮的姑娘却没有找到舞伴，最先被淘汰出局，而其他不如她的姑娘却找到了舞伴。这到底又是为什么呢？

我们再来看一个故事：

彼此痛恨又绝对理性的甲、乙、丙三个枪手准备决斗。甲枪法最好，十发八中；乙枪法次之，十发六中；丙枪法最差，十发四中。先提第一个问题：如果三人同时开枪，并且每人只发一枪；第一轮枪战后，谁活下来的机会大一些？

假如你认为是枪手甲，结果可能会让你大吃一惊：因为真正的答案是最可能活下来的是枪法最差的那个家伙——丙。

假如这三个人彼此痛恨，都不可能达成协议，那么作为枪手甲，他一定要对枪手乙开枪。这是他的最佳策略，因为此人对他的威胁最大。因此他的第一枪不可能瞄准丙。同样，枪手乙也会把甲作为第一目标，很明白，一旦把他干掉，下一轮（如果还有下一轮的话）和丙对决，他的胜算较大。相反，如果他先打丙，即使活到了下一轮，与甲对决也是凶多吉少。丙呢？自然也要对甲开枪，因为不管怎么说，枪手乙到底比甲差一些。如果一定要和某个人对决下一场的话，他宁愿留下来的对手是枪手乙，这样他获胜的机会比与甲对决大一些。

我们再来计算一下三个枪手在上述情况下的存活几率：

甲：24%（被乙丙合射 40% × 60% = 24%）

乙：20%（被甲射 100% - 80% = 20%）

丙：100%（无人射丙）

通过概率分析，我们发现枪法最差的丙存活的几率最大，枪法好于丙的甲和乙的存活几率远低于丙的存活几率。

我们现在换一种玩法，假定甲乙丙不是同时开枪，而是他们轮流开一枪。先假定开枪的顺序是甲、乙、丙，甲一枪将乙干掉后（80%的几率），

就轮到丙开枪，丙有40%的几率一枪将甲干掉。即使乙躲过甲的第一枪，轮到乙开枪，乙还是会瞄准枪法最好的甲开枪，即使乙这一枪干掉了甲，下一轮仍然是轮到丙开枪。无论是甲或者乙先开枪，丙都有在下一轮先开枪的优势。

如果是丙先开枪，情况又如何呢？丙可以向甲先开枪，即使丙打不中甲，甲的最佳策略仍然是向乙开枪。但是，如果丙打中了甲，下一轮可就是乙开枪打丙了。因此，丙的最佳策略是向天开枪，只要确保不打中甲或者乙，在下一轮射击中他还是处于有利的形势。

这样的例子在现实生活中有很多版本，尤其是在涉及到参与博弈的个体有强有弱的时候。比如总统竞选，实力最弱的竞选者总是在开始时表现得很低调，而实力强劲的竞选者和实力中等者之间反而互相攻击，搞得狼狈不堪，这个时候最弱的竞选者才粉墨登场获得一个有利的形势。

这个例子揭示了一个非常值得回味的道理：一个人在社会上的生存不仅取决其能力的大小，更取决于实力对比所造成的复杂关系。回顾中国历史，我们经常感叹历朝历代总是上演"飞鸟尽，良弓藏；狡兔死，走狗烹"的悲剧，但究其发生的原因，却是再明白不过——无他，功高震主耳。一个人能力可能很高，成绩可能非常辉煌，但是如果这种高能力和高成就威胁到了他人的地位和安全，那么他就会有被淘汰出局的危险。对于企业也是如此。经济学家郎咸平曾经描述过中国企业现象：

当一家企业做好之后，一堆企业就会一窝蜂地跟着这个企业做同样的行业，这就是中国的业态，称为"饿狼现象"。这种竞争的结果是大家都无法生存。有资料统计：中国80%的民营企业的"寿命"只有2.9年，原因是在于资源被大量地浪费。

这种优秀的被劣质的淘汰的现象在各种场合中都存在着。但是人们的经济活动都是为了使自己的利益最大化。跳舞的当然想找最漂亮的舞伴，

买二手车的当然想找质量最好的二手车，招聘职员的当然想找最优秀的人才。但是因为劣币驱逐良币这一规律的存在，人们却不能如意。其实要改变这种现象也不难，只要寻找到合适的相关机制即可。

再看上述枪手对决的例子，枪法最好的，却可能是最先丧命的；枪法第二好的，是最可能存活的；枪法最差的，由于对他人威胁很小，也可能比第二强的人得到更大的生存机会。"木秀于林，风必摧之"正是强者的悲哀。当然，这种强者最先出局的现象也是可以解决的，但是需要建立一种明确的、优胜劣汰的机制才行，而这又是很难在短期内就可以解决的。

3

为什么"在家靠父母，出外靠朋友"
是经济落后的表现

"在家靠父母，出外靠朋友"这是多年的交际理念，给很多人的生活提供了一些保障，因此得到广泛的认可，但是现在却有人说这种观念是错误的，是经济落后的表现，这到底是怎么回事呢？

有一句话曾被所有人广为赞同："在家靠父母，出外靠朋友。"但是，在经济越来越发达的现在，很多人却越来越不愿意"在家靠父母，出门靠朋友"了。因此，有些人便认为人与人之间的关系越来越淡漠了，人变得越来越没有人情味了。由此也可以得出一个反面的结论："在家靠父母，出外靠朋友"是经济落后的表现。为什么这样说呢？

众所周知，人是自然人，同时也是社会人。而且相对来说，人更是一个社会人，而不是自然人。不论是在古代还是现代，依靠单个人的力量想要生存下去，机会是微乎其微的，天灾人祸、身老病残时你都需要其他人的帮助。所以，为了能够生存下去，并且生存的时间更久，人与人之间必须要发生互助的关系。以原始社会为例，人类要靠捕获野生动物、采掘野生果菜为食，在当时，个人数天捕猎不到动物是经常的事，而如果不在部落之内与其他人共享食物，并在自己捕到猎物时与他人共享，许多单个的人是会饿死的。而其他社会更是如此，尤其是现在，几乎没有一个人可以不与他人进行交易而单独生活。所以经济学家曼昆将"贸易使每个人的状况变得更好"列为经济学十大原理之一。

而提到贸易，必然就会涉及金融。金融是货币流通和信用活动以及与之相联系的经济活动的总称，广义的金融泛指一切与信用货币的发行、保管、兑换、结算，融通有关的经济活动，甚至包括金银的买卖，狭义的金融专指信用货币的融通。简单地说，金融就是金钱的融通。金融的发达是社会发达的标志，西方发达国家都是金融发达的国家，尤其是美国，其金融发达的程度居世界首位，而华尔街也成为全球金融的中心。

人际间的金融交易无论在哪一个社会都会进行。原始社会时，因为生产力落后，人与人之间的依赖能力比较强烈，所以个人没有自己的空间，也没有自己的财产与权利，但是其目的也仅仅是让彼此都活下去。在农业社会里，私有财产出现，人与人之间的交易也以人格化的隐性方式实现，交易范围缩小到了家庭、家族血缘体系之内。家庭、家族之内不分你我，父母养育子女的目的或者说最大的目的就是"养儿防老"，子女就是人格化了的养老投资品；而亲戚间的借贷就是跨时间的价值交换。因此，在得到别人的帮助时，就会"欠一份人情"，只有还贷并在别人有困难时借贷给他人才是还了"人情"。

当子女是实现跨时间价值转移的最主要方式时，农民规避风险、养老的境况就不是由保险产品的好坏、股票的多少、基金的投资组合决定，而是由儿子的数量和质量决定，正所谓"多子多福"。"四世同堂"之所以是一种理想境界，也是因为儿孙多了，能进行人际金融交易的范围变大了。因此，越传统的农业社会，人口的增长越有利于金融的发展。

实际上，人们不仅可以跟有血缘关系的人进行资金的融通，还可以与朋友，甚至向陌生人进行借贷，比如现在的银行贷款、上市融资等等。但是，金融的融通是需要信用支撑的。因为金融交易是跨时间、跨空间的人际价值交换，是把交易双方在不同时间的收入进行互换，信任就成为交易成功的关键，信用和交易安全是核心基础。因为金融交易一般不是现货交易，而是价值的跨期支付，所以没有信誉就不可能进行，没有法制的管理也不可能进行。

在农业社会时，血缘关系就成了这种信用的替代品。血缘关系是一种个人出生之前无法选择的关系，出生在哪家、是谁的儿子、谁的兄弟姐妹、谁的父母、谁的爷爷奶奶，等等，这些都是无法选择的，也是一辈子不能改变的。这种稳定和不可选择性，对于还没有法治体系的传统社会来说，是最有利于建立并维护诚信的基础，血缘关系的永恒即是信用。而儒家思想所宣扬的"孝道"是基于血缘的跨时间、跨空间人际利益的交易体系，纲常伦理所规范的秩序则为这种交易体系提供了文化制度保障。所以，在传统农业社会中，人们对儒家建立的交易体系很"放心"，家庭、家族内的金融交易风险小，所以，父母与子女、兄弟之间的关系就比较可靠，进行金融的跨时间、空间交易也就不会有太大的风险。因此，在这种金融交易体系下，子女在年轻时靠父母，而父母在年老时靠子女也就成为一种最好的保障机制。

但是一个人的血缘关系与社会关系（主要是指朋友关系）毕竟是有限

的，因此能够融通的资金也是很有限的。所以说，如果一个社会"在家靠父母，出外靠朋友"的金融融通程度越高，就说明这个社会更基于农业社会的这种金融保障体系。金融是现代工业社会发展的标志，很显然，农业社会的金融是不发达的，社会总体是落后的。

相比之下，由金融市场代替传统农业社会的金融体系之后，信贷、保险、投资功能都可由金融市场取代，而这样人们也就能够融通到更多的资金，能够更好地发展自己的事业以及对自己的未来筹划等等。

此外，法制社会也是社会发达的标志，而现代股票市场、债券市场、基金市场等等都是伴随着现代法治制度发展起来的。也就是说，没有支持陌生人之间交易的现代商法、合同法、证券法等方面的发展，就不会有现在的金融证券市场；反之，金融证券交易在陌生人之间的深化进程，也带来了更多、更深层次的法治要求，也促进了法制化的进程。从这个意义上说，人与人之间的金融交易如果只是"在家靠父母，出外靠朋友"，那么就不会融通到自己所需要的资金，也很难对自己的未来提供最好的保障，也就是经济落后的表现。

4

为什么"补钙"的广告会影响到肉骨头的销售

"补钙"的广告宣传是为了销售各种补钙药品，可是制药公司却发现，自己的药品没有卖出多少，而各种各样的骨头却销得非常旺。这究竟是什么经济学原理在作怪呢？

几年前，中国人好像空前缺钙一样，各种媒体上铺天盖地全是补钙的广告。各种各样的补钙品种琳琅满目，电视广播里也充斥着大量的补钙广告。不论男女，不管老幼，都需要补钙。当"补钙大战"如火如荼，厂家之间的市场争夺难分高下的时候，人们却惊奇地发现：由于竞争商家太多，补钙营养品的销量并不怎么好，但是市场上的肉骨头却销量大增。原来，根据"吃什么补什么"的老话，吃肉骨头也是相当补钙的。特别是猪的脚筒骨，骨髓多，味道好，在市场上大受欢迎。而有限的供给导致了肉骨头的价格上涨，最后甚至逼平了肋条肉。与此同时，饭店里的骨头煲汤也十分受欢迎。药商发现，自己无形中为他人作了免费宣传。

为什么补钙的广告却影响到了肉骨头的销量呢？从经济学上来讲，一个经济主体在自己的生产和消费活动中对其他的主体产生了影响，这种现象就叫做"外部性"。当一个人从事一种影响旁观者福利，而对这种影响既不付报酬又得不到报酬的活动时，就产生了外部性。如果对旁观者的影响不利，就称为负外部性，而如果对旁观者的影响有利则就被称为正外部性。

在现实生活中，这样的例子很多。著名生物学家童第周在路灯和厕所的灯光下抓紧时间刻苦读书，古人匡衡"凿壁借光"等等都是正外部性的表现。再比如，前面曾经提到的小镇烟火的事情。如果有人自己燃放烟火，他的目的是为了自己能看到美丽的烟花，但是其他人也能看到他燃放的烟花，而不需要向其支付任何费用，这也是一种正外部性。

当然，有正就有负，在生活中同样存在着"负外部性"。比如汽车尾气的排放会污染环境；半夜邻居家小孩子的哭声会对别人的休息产生不利的影响；在架桥时，对山体进行爆破作业，使附近某养牛场的许多怀孕的母牛受到惊吓，整夜不敢休息，结果纷纷流产，造成了经济损失。

一般说来，外部性并非当事的经济主体的本意，他本来只是为了自己的利益而这么做，并非有意要帮助别人或者损害别人，但是这种行为却产

生了影响别人的效果。比如"凿壁借光"，在这个过程中邻家并没有多付出什么，而可以借光读书、得到收益的匡衡也不必为之付费。而半夜邻居孩子的哭声并不是为了影响别人而哭，但是却无意中对他人的休息造成了影响。

外部性的广泛存在使得人们在做事时不能只考虑自己，也要考虑他人。有时候对于某些正外部性可以设法加以利用。常见的一种现象就是商场里开设餐馆。当一家大型商场建成以后，周围小吃店的生意就会相对好起来。这时商场往往会在顶层开设餐馆，使得顾客在购物的同时顺便上楼吃饭，这种做法就将正外部性"内部化"了。这也可以用来理解现在流行的多元化经营，在其项目之间就常常会有正外部性。

我们都明白"己所不欲，勿施于人"的道理，因此，对于负外部性，人们都在努力避免。尤其是当损害到他人利益的时候，可能会引起诉讼纠纷；当影响的是公共利益时，法律就要对其进行直接干预。比如汽车尾气的排放对环境污染严重，所以政府通过向汽油征税以抬高汽油的价格，从而达到减少人们开私家车出行的行为，进而达到了保护环境的目的。

从另一方面来说，补钙广告使肉骨头销量大增还因为补钙的营养品与骨头之间的关系。在前面我们也提到，从经济学上来说，人的消费品中有必需品与替代品。必需品是指人们生活中所必需的物品，最常见的便是水。而替代品则是指，因为一种物品的价格上升而引起的另一种物品需求量增加的物品。这两种物品互为替代品。比如大米与面粉。在中国人的观念中，缺什么，补什么，就要吃什么。因此，吃动物的脑子补脑，吃各种动物的鞭可以壮阳，喝骨头汤补钙。所以，骨头对于补钙类的营养品来说，是一种代替品。服用补钙类的营养品目的既然是为了补钙，那么买肉骨头做来吃也可以补钙，而且效果可能要比吃滋补营养品好。因此，骨头完全能够代替补钙类营养品，所以，聪明的人们就不会受厂商的"骗"，不去买补

钙类的营养品，而是去买直接补钙的。这样做，既达到了目的，又安全方便。

尤其是在2000年10月，国家卫生部公布了补钙类保健食品抽检情况。据检测情况显示，在这次抽检的185种补钙类保健食品中，不合格的不少，而且令人吃惊的是一些名牌产品也在其中。这些商品存在的质量问题也对骨头的销量产生了正外部性。因为商品存在的质量问题更是打消了消费者去购买补钙类营养品的念头，而认定肉骨头才是补钙最好的营养品。从以上几个方面，我们就明白了补钙广告使骨头销量大增的真正原因到底何在了。

5

人到底是利己的还是利他的

亚当·斯密在《国富论》中认为人是利己的，但是在他的另一部同样很有影响力的著作《道德情操论》中，他又认为人是有道德的，人是普遍具有同情心的。也就是说，人也是利他的。亚当·斯密提出这个问题之后，经济学家们一直对人到底是利己，还是利他持不同的意见，并争论不休。那么人到底是利己，还是利他的呢？

亚当·斯密的经典经济学理论之一是"看不见的手"。他在《国富论》中如此表述："当每一个人企图尽可能地使用他的资本去支持本国工业，从而引导那种工业使它的产品可能有最大的价值时，每一个人必然要为使社会的每年收入尽可能大而劳动。的确，他一般既无心要去促进公共利益，也不知道他对之正在促进多少。他宁愿支持本国工业而不支持外国工业，只是想要确保他自己的安全；他指导这种工业去使其产品能具有最大的价值，只是为了他自己的利益，也像在许多其他场合一样，他这样做只是被一只看不见的手引导着，去促进一个并不是出自他本心的目的。"

虽然亚当·斯密认为人们的经济行为在无益中，因为"看不见的手"的引导而产生了利他的效果，但是他还是认为人做一切事情都是为了使自己的利益达到最大化，而不是为了使他人的利益最大化。因此可以说，亚当·斯密认为人是利己的。但是在他的另一部同样很有影响力的著作《道德情操论》中，他又认为，人是有道德的，人是普遍具有同情心的。也就是说，人也是利他的。亚当·斯密提出这个问题之后，经济学家们一直对人到底是利己，还是利他持不同的意见，并争论不休。那么人到底是利己，还是利他的呢？

有人对亚当·斯密"看不见的手"的理论作出了如下的解释：许多人认为这段话只说明人是利己的，只有启动利己之心，才会去进行交换，才会有经济活动，因此也才会有社会的进步，也就才会有作为结果的利他。这段话说明，利己是目的，利他则是手段，先要运用利他这手段，才能达到利己的目的。如果面包师等人，不首先卖面包给他人，他自己也就得不到回报。也就是说，赢利是目的，满足顾客的需要是手段，所以利他的结果是利己。

以社会中只有两个主体为例，我们可以看到，如果两个人都是理性的人，那只有在交易都会受益时，交易才会发生。如果一方获得而另一方损失，则交易就不会发生。这也就是为什么"拔一毛而利天下，不拔也"的原因。虽然是利天下，但是对自己却是一种损失，即便损的仅仅是一毛。如果交易不能自愿发生，那么在这些人之间再做任何分配资源的努力都只能改善一方的福利而恶化另一方的处境。简单举例来说，如果某个人生产

苹果，但偶尔也想吃个梨，那么他就愿意付出一些苹果去与另一个生产梨子的人交易。如果这个生产梨的人也想吃苹果，那么这种交易对双方都是有利的。而如果对方恰恰是个讨厌苹果的人，交易对自己没有好处，反而有坏处，那么他必然就不会选择进行交易。

经济学家认为交易会使每个人的状况变得更好。但是从这个理论中也可以推导出一个结论：因为能够使每个人的状况变得更好，所以人们才进行交易。也就是说，每个人来进行交易的目的都是为了使自己的状况变得更好，即人们交易的目的还是从利己的角度出发的。

当然，在现实中的确有一些人做的一些事是为了他人，是利他，而不是利己的。天津有一个老人白芳礼退休后于1982年开始从事个体三轮客运。1987年，74岁的他靠自己蹬三轮的收入捐助了许多贫困的孩子上学。他一蹬就是十多年，直到将近90岁。以下是老人无私奉献的不完全记录：

1988年，为中小学幼儿教师奖励基金会捐款5 000元；

1989年，为天津市教师奖励基金捐款800元；

1990年，为沧县大官厅乡教育基金捐款2 000元；

1991年，为天津市河北区、津南区教师奖励基金、北门东中学和黄纬路小学等，共捐款8 100元；

1992年，为"希望工程"和家乡白贾村小学捐款3 000元；

1993年，为我国建立的第一个"救助贫困地区失学少年基金"捐款1 000元；

1994年，为天津市河北区少年宫捐款1 000元。

曾经有人计算过，这些年来，他总共捐款的金额达35万元。从始至终，白芳礼没想过得到回报，捐助的款项也大多是通过学校和单位送到受助学生的手里的，他从没打听过学生的姓名。有一次，海尔公司为了感谢老人的善举，送了他一台冰箱，都已经从楼下抬到屋里了，老人硬要退回去，他说："我做事，不为自己，也不为儿女"。有人试图从白芳

礼那里找到曾经被资助的学生名单，但只发现一张老人与几个孩子的合影照片——这是唯一的一张照片。当问老人对受他资助的孩子有什么要求时，老人回答却很朴实："我要求他们回去好好学习，好好做工作，好好做人。"

从经济学的理性人角度来考虑，白芳礼老人的行为是一种付出成本而没有经济收益的行为。他的这种做法完全是无私的，利他而不利己的。但是单纯从经济学上的成本与收益问题上来看，他却是有期望收益的，他的期望收益正如自己所说的："我要求他们回去好好学习，好好做工作，好好做人"。他做的利他行为是想要得到自己的利己收益——使他人能够在自己的帮助下更好地发展自己。当然这种利己收益是以利他为目的的。虽然对自己没有任何的实质性好处，但是却能够因此而得到一种心理上的满足感，也可以说是从利己出发，结果达到了利他的目的。

不过这种事情毕竟是少数。一般情况下，人们还是要以利己为主的。当然这并不是说人完全是自私自利的。人们除了因为"看不见的手"而利他，因为外部性而对他人产生有利的影响之外，有的时候也会做一些完全利他的事。因此说，人到底是利己还是利他，要因时因地因事而异，不能一概而论。

6

你知道诚信的价值是多少吗

人们都说诚信的价值是不可估量的，是无价的，可是并不是所有人的诚信都是无法用金钱衡量的，但是对于一些骗子来说，诚信又是可以以金

钱来衡量的。那么，诚信的价值是多少呢？

很久以前，喜马拉雅山南麓的尼泊尔很少有外国人涉足。后来有几位日本摄影师到当地去取景，有一天他们请当地的一位少年代买啤酒，这位少年为此跑了 3 个多小时。第二天，那个少年又自告奋勇要帮他们买啤酒。这次摄影师们给了他很多钱，但直到第三天下午那个少年还没回来。这时摄影师们议论纷纷，都认为那个少年把钱骗走了。但是没想到的是，在第三天夜里，那个少年却回来了。原来，他在附近只买到了 4 瓶啤酒，因为还差 6 瓶，所以他就又翻了一座山，蹚过一条河，才买到另外 6 瓶，但是在回来的路上他不小心摔倒了，摔碎了 3 瓶。他哭着拿着碎玻璃片，向摄影师交回零钱，在场的人无不动容。这个故事使许多外国人深受感动。后来，到这来的游客越来越多……

这个尼泊尔少年头脑中简单的原则为自己赢得了尊严，也赢来了世界各国旅游者们的信任。由此可以看出诚信是无价的，至少是很难用金钱来衡量的。但是，有人做了这样一个实验：他在某个城市找了三个人，给他代理销售一批货物，并约定销售完后结账。第一次，他分别给了三人价值 1 万元的货物，一个月后他前去结账，三人都销售完了货物，他顺利拿到了货款。接着他又分别给三人留下价值 10 万元的货物。两个月后他来结账，有一个商人卖完了货物，并顺利给他结清了货款，另外两个人却找不到了。他又给最后这个人留下了 50 万元的货物，半年后他来结账时，发现这个人早就不知去向了。

从尼泊尔少年的故事中，我们可以看到日本人的反应，在第一次让这个少年去买酒的时候，他们并没有怀疑他会卷钱逃跑，因为买的酒很少，没有多少钱，所以就不会怀疑少年的诚信。但是当第二次给了他很多钱之后，又加上他逾期未归，所以就开始怀疑了。这时候日本摄影师对这个少年的诚信是有价格衡量的，那就是他们给他的买啤酒的钱。如果少年一直没有回来，

人们就会认定他的诚信价值只值那些钱，不论他是事出有因，还是真的"携款潜逃"。但是少年回来了，所以他的诚信就难以估价了。再加上，人们对诚信的评价往往会从道德上来分析，所以，他的诚信就会被认定为是无价的，而他的这种行为给当地带来了收益——"到这儿来的游客越来越多"。而因为时空的原因，旅游给当地带来的收益是难以衡量的，并且虽然是他的行为给当地树立了良好的形象，进而使得很多人来这里旅游，但是却又不能全部归功于他。所以，他的诚信价值更是难以计算了。

但是实验中的三个商人的诚信价值都是"明码标价"的。从博弈论的角度来说，人们选择背叛还是继续合作，首先是基于自己的利益考虑的。如果背叛对自己有利，并且切实可行，那么很多人就会选择背叛，而如果背叛对自己不利，那么就会选择继续合作。第一次这三个商人都没有选择背叛，是因为仅仅 1 万元的货物，根本不值得去背叛，也就是说，他们对自己诚信的定价没有这么低，或者是如果背叛对自己并不是一种巨大的收益。但是在 10 万元的时候，其中两个商人就背叛了，可见他们背叛的筹码是 10 万元，而同理，最后一个商人的背叛筹码就高很多，但是也是可以用金钱来衡量的。

经济学认为，人会因为受到激励而作出各种反应。尼泊尔少年受到日本人的信任以及自己坚持的守信信念的激励，所以始终没有选择背叛，而三个商人则因为受到了负面的激励作用，为了使自己的利益最大化而做出了背叛的行为。实验也因此衡量出了他们诚信的价值。

现在是一个讲求诚信的社会，哈尔滨啤酒有限公司的管理者中就流行着这样一句话：竞争对手并不可怕，可怕的是对顾客失去诚信。其实，失败可能是暂时的，但失信则会让你成为永远的失败者。一个顾客走进一家汽车维修店，自称是某运输公司的汽车司机。"在我的账单上多写点零件，我回公司报销后，有你一份好处。"他对店主说，没想到，店主竟然拒绝了这样的要求。顾客继续纠缠道："我的生意不算小，会常来的，你肯定能赚

很多钱!"但是店主告诉他,这事无论如何也不会做。他气急败坏地嚷道:"谁都会这么干的,我看你是太傻了。"店主火了,他要那个顾客马上离开,到别处谈这种生意去。

这时顾客露出微笑并满怀敬佩地握住店主的手:"我就是那家运输公司的老板,我一直在寻找一个固定的、信得过的维修店,你还让我到哪里去谈这笔生意呢?"

企业中的任何一个人代表的都是企业的形象,所以更应该以诚信来要求自己。因为一个企业对消费者来说,形象毕竟是模糊的,在他们面前的只有企业的员工。而作为管理者,更应该以身作则,严于律己。

如今,诚信对于个人来说,更是事业成功的必要条件。正如人们常说的,不论对于组织机构还是个人,欺骗只能得逞一时,却不会最终成功。如果管理本身不值得信赖,那么个人既不会与管理者共享自己的最佳创意,更不会将自己的所有想法和盘托出。没有信赖,组织机构就不会信任自己的成员,成员之间也会相互猜忌。如果人们之间相互猜忌,那么团队精神和相互协作就成为一纸空文。

诚信的价值很难衡量,但不表示它就是无价的。除了一些人在利益面前选择背叛时会无意中给自己的诚信定价之外,坚持诚信会给人们带来金钱上的收益,这也是对诚信的价值的一个衡量。其实,"险恶用心"地想一想,尼泊尔少年如果得到非常多的钱,比如是第二次买酒的钱的几十倍,他会不会背叛呢?这是一个很难回答的问题,但是有一点可以肯定,他做出背叛行为是有可能的。

7

为什么"欧佩克"不能一直抬高油价

石油输出国组织欧佩克成立的目的就是为了抬高油价，使各产油国通过联合来共同使利益达到最大化。但是欧佩克在发挥了一段时间的作用之后却常常失灵，这到底是怎么回事呢？

石油是世界上最重要的能源之一，尤其是对于工业大国来说，石油的需求量非常巨大。石油是一种不可再生的资源，就目前来说，石油的产地与石油需求国正相反。欧美一些国家对石油的需求量很大，但是石油矿产量却不足；而西亚波斯湾附近的一些国家，尤其是阿拉伯对石油的需求量并不大，但却是世界上石油储藏量最丰富的地方。因此，石油的供给与需求就产生了不可避免的交易行为。

欧美国家需要通过购买石油来发展工业，而阿拉伯国家则需要通过出售石油来换取金钱，然后购买本国所需要的其他物品。只要有交易就会有价格产生，而只要有价格就会有波动。欧美国家希望以更少的钱购买更多的石油，而阿拉伯国家则需要以更高的价格来出售更少的石油，以获得更多的金钱。

为了抬高石油价格，以获得更多的经济利益，1960 年 9 月，由伊朗、伊拉克、科威特、沙特阿拉伯和委内瑞拉的代表在巴格达开会，决定联合起来共同对付西方石油公司，维护石油收入。1960 年 9 月 14 日，五国宣告成立石油输出国组织（Organization of Petroleum Exporting Countries——

OPEC），简称"欧佩克"。后来，亚洲的其他国家、非洲和拉丁美洲一些主要石油生产国也加入了该组织。

20世纪70年代，石油输出国组织（OPEC）的成员决定提高世界石油价格，以增加它们的收入。这些国家通过共同减少它们提供的石油产量而实现了这个目标。从1973至1974年，石油价格上涨了50%以上。几年之后，OPEC又一次故伎重演。从1979年到1981年，石油价格几乎翻了一番。石油输出国对此十分高兴，但是OPEC并没有一直维持石油的高价格。1982到1985年，石油的价格以每年10%的速度稳步下降。1986年，OPEC成员国之间的合作完全破裂了，石油价格猛跌了45%。1990年，石油价格又回到1970年时的水平，并在20世纪90年代的大部分时间内保持在这一水平。21世纪初，石油价格又一次上升，但是这次石油价格上涨是由于巨大而增长迅速的中国经济的需求增加而引起的，并不是OPEC发挥了作用。但这时的价格仍没达到1981年时的水平。OPEC难以实现成员国建立这个组织的目标。这到底是为什么呢？

从经济学上来说，这是一个博弈论的问题。博弈论是现代经济学的基础理论之一，很多经济学中的行为，尤其是合作与背叛行为都可以用博弈论来进行解释。所谓博弈论就是指研究理性的人面对合作与背叛选择时如何做出决策的行为。经济学基础学科之一博弈论中有一个囚徒困境的例子，讲的就是背叛与合作的选择困境问题。警方逮捕了甲、乙两名嫌疑犯，但是没有足够证据来指控二人认罪。于是警方将两名嫌疑犯分开囚禁，分别审问二人，并向双方提供以下相同的选择：

如果其中一人认罪并作证检控对方（也就是说"背叛"），而对方保持沉默（也就是说"合作"），此人将即时获释，沉默者将被判10年。

若二人都保持沉默，则两个人都要被判入狱半年。

若二人都互相举报（互相"背叛"），则就都会被判5年。

用表格概述如下：

	甲沉默	甲认罪
乙沉默	二人同时服刑半年	乙服刑 10 年，甲立即获释
乙认罪	甲服刑 10 年，乙立即获释	二人同时服刑 5 年

人都是利己的，都想使自己立即释放，由此可以得出，囚徒都想寻求最大自身利益，而不关心另一方的利益。所以，很明显，两人中的任何一个人都会选择背叛。如果一方选择沉默，另一方背叛，自己将面临 10 年的徒刑。因此，本想选择合作（沉默）的一方也不会选择合作，而是选择背叛。所以说，这两个人都会选择背叛，结果自然就都会被判刑 5 年。这两个人之所以作出这种选择，除了都想利己之外，还因为双方无法进行沟通，无法得知对方的选择，所以最后只好选择了背叛。

而在现实中，人与人之间的关系却要相对明朗。背叛——结束关系，还是合作——继续博弈的决策信息是明确的。因此进行选择的决定就是利益筹码了。相对于一次博弈来说，重复博弈是指同一个博弈被重复多次。在重复博弈中，对于任何一个参与者的欺骗和违约行为，其他参与者总会有机会给予报复。在重复博弈中，报复的机会总是存在的，如不再与其合作。这样一来，违约或欺骗方会遭受长期的惨重损失，因此每个参与者都不会采取违约或欺骗的行为，囚犯困境合作的均衡是存在的。

实际上，欧佩克成员国原本就是这种合作与背叛的囚徒困境关系。在开始的时候，大家都一致通过降低产量来要挟欧美国家，以此抬高石油价格。在第一次合作的时候，都达到了目的。但是久而久之，成员国都希望能够在高价期间多产一些石油，因此就能够通过产量的增加来获得更多的收益。一个国家这样想，增加了产量，获得了更多的经济利益。但是成员国都不是傻子，大家都这样想，同时也都认为其他国家不会这样做。结果

是，成员国都大量生产石油，使石油的供给量相对过多，结果就会导致石油价格的下降。成员国都背叛了其他国家，结果也损害了自己的利益。所以，20世纪80年代，石油输出国将石油的价格抬高了一倍，各国都受益。但是之后各国都偷偷地增加了石油产量，导致1990年石油的价格又回落到1970年的水平。合作失败，之后也一直没有再成功合作抬高石油价格。

当然，不能肯定石油输出国组织不会再次合作，再次抬高石油价格，但是即便能够再次达成合作，久而久之，各国还会因为自己的利益而私自增加石油的产量。只要有一个国家这样做，其他的国家也会如此，石油的价格就一定会因产量的增加而降低。这就是为什么OPEC不能一直抬高石油价格的原因。

其实不仅是OPEC会出现这种状况，在人们的一些其他经济行为中，只要涉及到合作与背叛的问题，都会出现这种现象。在经济行为中，人与人之间的关系是利益关系，涉及到利益关系时，自然就会发生合作与背叛的行为。而由于人们的经济行为是为了使自己的利益最大化，所以很容易就会做出像OPEC这样因背叛而导致自己利益受损的决策与行为。

8

为什么可可西里藏羚羊盗猎分子会疯狂地盗猎

藏羚羊是珍稀动物，因此受到保护，但是因为保护的力度不够，一些不法分子就乘机盗猎这种珍稀动物，将皮毛拿去卖钱。正如我们所知，竭泽而渔的最后结果就是无鱼可捕，盗猎分子的行为也是如此。他们也懂得这个道理，但是为什么他们还是不顾藏羚羊物种的繁衍而疯狂盗猎呢？

　　2004 年 10 月 1 日上映的一部由青年导演陆川执导的电影《可可西里》引起了广泛的社会关注。这是一部由真实事件改编而来的电影。故事讲的是，1985 年以前，在中国版图的西部、青藏高原的中心地带——可可西里，生活着上百万只珍贵的高原动物——藏羚羊。但是随着市场上对莎图什披肩的需求增加，导致了其原料藏羚羊绒的价格暴涨，可可西里无人区爆发了对藏羚羊的血腥屠杀，各地盗猎分子纷纷涌入可可西里猎杀藏羚羊。短短几年间，上百万藏羚羊几乎被杀戮殆尽（大约只残存不到两万只）。从 1993 年起，可可西里周边地区的藏族人和汉族人在队长索南达杰的领导下，组成了一支名为野牦牛队的巡山保护队，在可可西里进行反盗猎行动。在前后 5 年多的时间里，野牦牛队在可可西里腹地和盗猎分子进行了无数次交战，两任队长索南达杰和扎巴多杰先后被盗猎分子枪杀。

　　抛开这部电影所揭示的意义不说，为什么在短短的几年内，藏羚羊的数量会从上百万只被杀戮到只剩下不到两万只了呢？而且可以断言，如果不对藏羚羊进行保护，到现在藏羚羊肯定已经灭绝。从经济学上来说，藏羚羊的数量之所以在几年之内骤减这么多，是因为藏羚羊属于一种公有资源。所谓公有资源，从上面一节中，我们可以得知，是指那些无排他性，但是有竞争性的物品。谁都可以去猎杀藏羚羊，但是藏羚羊的数量会越来越少，直到灭绝为止。这是因为每一个猎杀者都希望使自己的利益最大化，都希望猎杀更多的藏羚羊。他们不会去考虑藏羚羊灭绝之后再也无从猎杀的问题。而且即使考虑到这个问题，他们也不会停止猎杀行为，因为猎杀者会认为其他人不会停止，所以如果自己停止的话，是对自己利益的损害。经济学家把这种现象称为"公有地悲剧"。

　　"公有地悲剧"最早由英国人哈丁提出来的，哈丁在《公地的悲剧》中设置了这样一个场景：一群牧民一同在一块公共草场放牧。一个牧民想多养一只羊增加个人收益，虽然他明知草场上羊的数量已经太多了，

再增加羊的数目，将使草场的质量下降。但是他会从自身利益出发，选择多养羊以获取更多收益，因为草场退化的代价由大家负担。每一位牧民都如此考虑时，"公有地悲剧"就上演了——草场持续退化，直至无法养羊，最终导致所有牧民破产。"公有地悲剧"出现的原因是因为公共资源不具有排他性，因此导致资源的过度开发和利用，最终导致效率损失和无效率。

要想不使藏羚羊灭绝，从经济学上来讲，可以将这公有资源转变成私人物品。这在其他动物中也是有例可循的。当欧洲人第一次到达北美大陆时，那块大陆上野牛的数量超过6 000万头。但是到了19世纪，因为猎杀野牛十分盛行，以至于1900年，在政府开始保护野牛之前，只剩下400头左右了。像藏羚羊一样，野牛之所以会被大量猎杀是因为它有着极大的商业价值。但并不是所有具有商业价值的动物都面临着这种威胁。例如，黄牛是一种有价值的食物来源，但没有人会担心黄牛绝种。实际上，对牛肉的大量需求只会保证这种动物的持续繁衍。

而象牙的商业价值是对大象的威胁，原因当然是大象是公有资源，而黄牛是私人物品。大象不属于任何人，每个偷猎者都想尽可能多地猎杀他们所能找到的大象。由于偷猎者人数众多，每个偷猎者都没有想要保留大象种群的激励。与此相反，黄牛生活在私人所有的牧场上，每个牧场主都尽极大的努力来维持自己牧场上的牛群，因为他能从这种努力中得到利益。

各国政府试图用两种方法解决大象的问题。一些国家，如肯尼亚、坦桑尼亚和乌干达，已经把猎杀大象、出售象牙列入违法行为。但这些法律一直很难得到实施，而且大象种群还在继续减少。与此相反，另一些国家，如博茨瓦纳、马拉维、纳米比亚和津巴布韦，通过允许人们捕杀大象，但只能捕杀自己所拥有的大象而使大象成为私人物品。土地的所有者现在有猎杀自己土地上大象的激励，因此他们就会从长期来考虑，会努力增加大

象的数量，而不是过度猎杀使其绝种，结果大象的数量就开始增加了。由于私有制和利润动机在起作用，非洲大象可能某一天也会像黄牛一样，摆脱灭绝的威胁。

因此，从经济学的角度来说，想要保护一种濒临灭绝的动物，最好的方法是将其变为私人物品。如果藏羚羊也可以由私人饲养，就像非洲人对待大象的态度一样，那么藏羚羊就会得到保护。盗猎者当然不会完全没有，但是至少会少很多。因为如果可以饲养了，很多人就不会冒着生命危险去猎杀野生藏羚羊。而如果藏羚羊的饲养能够满足市场的需求，它的价格就会降下来，当价格降下来以后，再去猎杀野生藏羚羊的成本就会很大——因为要冒生命危险，而收益则会很小，考虑到这一方面的原因，猎杀者也就自然不会再去盗猎了，而藏羚羊也就不会灭绝了。《可可西里》这部电影虽然很震撼人心，电影中的巡山保护队队员也令人肃然起敬，但是电影未能给出一个真正能解决这一问题的可行方法。

9

美国轮胎特保案对本国人民有利还是有害

国际间的贸易已经成为经济发展中的重头戏，可以说没有一个国家不与其他国家贸易。贸易会使每个人的状况变得更好，是一条颠扑不破的真理，可是美国为什么还要提出"轮胎特保案"呢，它对本国人民又会有什么样的影响呢？

新华网于 2009 年 9 月 11 日报道了如下一则新闻：

美国总统奥巴马 11 日决定，对从中国进口的所有小轿车和轻型卡车轮胎实施为期三年的惩罚性关税。白宫发言人罗伯特·吉布斯说，对从中国进口轮胎实施的惩罚性关税税率第一年为 35%，第二年为 30%，第三年为 25%。此前，美国国际贸易委员会建议对中国产轮胎征收为期三年的惩罚性关税，幅度分别为 55%、45% 和 35%。

2009 年 4 月 20 日，美国钢铁工人联合会以中国对美轮胎出口扰乱美国市场为由，向美国国际贸易委员会提出申请，对中国产乘用车轮胎发起特保调查。6 月 29 日，美国贸易委员会建议在现行进口关税（3.4% ~ 4.0%）的基础上，对中国输美乘用车与轻型卡车轮胎连续 3 年分别加征 55%、45% 和 35% 的特别从价关税。根据中方统计，2008 年中国对美国轮胎出口金额约 22 亿美元。此案遭到中美业界的广泛反对。目前，中国轮胎年出口量占总产量的 40% 以上，如果削减输美轮胎半数产量，就意味着中国会出现 12% 的剩余轮胎产能，而且会有 10 万多工人因此而失业。

中国政府对此表示十分不满，立即采取了措施，先是按照国际惯例，通过 WTO 发出了表示抗议的相关声明，之后，又支持中国河北兴茂轮胎有限公司起诉美国商务部。在当月 23 日，美国国际贸易法院对"中国河北兴茂轮胎有限公司诉美国商务部反倾销反补贴调查案"作出判决，称美国商务部对中国产品采取针对非市场国家的替代国方法计算并征收反倾销税，同时又征收反补贴税的做法不合理。美国为了保护本国的轮胎企业，保护工人的就业，而对中国实行了不合法的限制政策，从经济学上来说，这种行为属于保护主义。所谓保护主义，就是指以维护本国利益作为是否适用本国法律的依据；任何侵害了本国利益的个人与团体，不论其国籍和所在地域，都要受该国法律的追究。在国际贸易中保护主义主要以保护国内产业为目的而采取相关政策，其中最主要的政策就是关税。

实际上，国际间的贸易已经成为经济发展中的重头戏，可以说没有一个国家不与其他国家贸易。所有的经济学家都认同一条在前面的一些章节

中也提到过的原理：贸易会使每个人的情况变得更好。同样，贸易也能使交易双方的国家的情况变得更好。以中国向美国进口轮胎为例。中国因为人力资本和原料价格的相对低廉，生产轮胎的成本比美国低很多，因此对于美国轮胎经销商与消费者来说，从中国进口轮胎就是有利的。而如果美国政府实行保护主义，限制中国轮胎的进口，则必然会使市场上轮胎的数量下降，甚至会出现供不应求的状况。根据市场经济发展的规律可以得出一个简单而正确的结论：美国市场上的轮胎价格会上涨，消费者购买轮胎所要支付的费用也必然会跟着上涨。所以说，这对美国消费者是有害的。

但是，美国如果不实行保护主义，中国轮胎的大量输入，必然会占据相当的市场份额，会与本国的轮胎生产者展开竞争。很显然，从其提高关税的措施可以反映出，美国的轮胎生产商在市场争夺战中处于下风，因为美国的工人工资成本与原材料的成本比中国高。如果不对其进行保护，减少中国轮胎的进口，就会导致本国轮胎生产商停止生产，就会导致轮胎工人失业，这样就会损害了轮胎生产商与轮胎工人的利益。

从经济学的绝对优势与相对优势原理来说，美国的轮胎生产不占任何优势。同行的轮胎生产中，中国生产商可以以更低的成本生产出同样数量或者更多的轮胎，美国生产商既没有中国的工资水平低的优势，也没有原料成本低的优势，所以他们是占绝对劣势的，如果没有国家的保护，必然会在市场竞争中失败。既然美国的轮胎生产并不占优势，那么为什么还要进行生产呢？这可以说是一个历史问题。美国的汽车产业可以说是世界上最发达的，几乎每个美国人都有一辆私家车。因此，美国对轮胎的需求量非常大，而在早期，美国人需要自己生产轮胎，这样就出现了很多的轮胎工厂。工厂要进行生产就需要雇佣工人，所以就会有大量的人从事轮胎生产工作。而这些人中的大部分人可能要一直从事这个工作，所以他们就不会去做别的，也就掌握不了其他的技术。如果工厂倒闭，他们就会失业。当然，美国的轮胎工人并不是只有几代。因为只要工厂存在，就需要进行

生产，只要进行生产就需要工人，所以工人也是在一代代地"新陈代谢"，不断有人成为轮胎工人。而工厂虽然在贸易的冲击下，利润越来越小，但还是有的，所以就会造成了今天这样一种，虽然并不占绝对优势与比较优势，但是却一直在进行生产的轮胎工厂。

从长期来看，如果美国轮胎的生产一直不占优势，将会有越来越少的企业投入生产，直至最后所有企业都消失，正如凯恩斯所说的那样："从长期来看，我们都死了。"从这点来说，现在的轮胎工厂和工人就可能不愿意从长期来考虑，所以他们在自己的利益受到损害时，就会立刻对政府提出抗议，而政府在他们的压力之下，为了保护他们的权益，就只能采取并不符合经济发展规律的保护主义。这对政府来说，也是一种无奈的选择。大多数经济学家对政府的这种行为都表示反对。

法国经济学家克洛德·弗雷德里克·巴斯夏就曾经对当时法国国内日渐高涨的保护主义感到非常愤怒，他因此写了一封信来挖苦国会议员：

各位议员阁下：

为所有产业的出路，你们真是费心了！你们都希望能够克服外来的竞争，保留国内市场给本地工人……

我们正遭受着来自国外同业的令人难以忍受的竞争，这些外国同业在照明产品方面的竞争条件看起来似乎要比本地业者优越许多，以至于他们能够以不可思议的低价大举进犯本地市场。之所以难以忍受，是因为只要这些进口产品一出现，本地制造的商品就会立刻滞销，所有的消费者只购买这些进口产品，难以数计的法国厂商便会立即受到全面的销售萧条的打击。这个外来竞争对手就像是东升的旭日，正在对我们激烈宣战……

我们希望各位能够欣然立法，以防止我们向来引以为傲的产业受到伤害，否则这些产业在我们受到不平等竞争时将不得不含恨离弃我们。这就像是立刻关闭一切门户、窗口、天窗等对外开口，将向来能够从容由这类

开口入侵房舍的阳光，完全阻绝在外。

我们已经预见了你们的反对意见，各位议员阁下，但是你们将没有任何一个人会跟我们唱反调，虽然这违反了你们目前的立场也违反了你们的政策走向。

根据国家与气候之不同，在创造产品方面，工作与自然环境会以不同的比例互相配合。自然环境所投入的部分总是免费的，主要是工作投入的部分产生价值与工资。

在里斯本，一颗橘子的售价只相当于在巴黎售价的一半，这是因为前者的免费自然气温造成后者必须采用昂贵的人工温度来获得相同的产品。

请作出选择吧，但是请保持理性。因为，只要你们继续抱持鸵鸟心态，煤炭、钢铁、小麦、纺织品等外国商品的价格，相比之下就会更低廉，因此，整天忍受免费的阳光，难道不是一种自相矛盾吗？

由此我们可以知道，政府实行的提高关税的保护主义，对本国消费者来说是有害的，而对生产者来说则是有益的。但是从长期来说，保护主义也许并不是一种好的政策。无论对生产者还是消费者都是无益的。

10

为什么"糖葫芦西施"的糖葫芦能卖得更贵更多

同样是卖糖葫芦的，可是有的人卖得又贵又多，有的人糖葫芦虽然价钱很低，可是卖得并不是很多。但是这又不是边际量造成的，那么到底是什么原因呢？

　　西安交大南门西侧人行道上，停放着一辆人力三轮车。车上放着一个玻璃食品陈列柜，里面是各式各样的冰糖葫芦。三轮车旁，坐着一个穿白 T 恤的女孩，她斜背着一个时尚的皮包，两个大大的银色耳环随着笑容不停摆动……"来 4 串糖葫芦！"随着两名男孩的喊声，女孩迅速起身，麻利地从陈列柜中取出 4 串糖葫芦，用糯米纸包好，递到男孩手中："12 块！"付过钱的两名男生拿着糖葫芦走进交大校园。这个青春、靓丽、时尚的女孩子叫康晓菡，在大学校园旁卖冰糖葫芦。不足一年，康晓菡迅速走红西安交大校园，被男生们冠名为"糖葫芦西施"。很多记者前去采访康晓菡，很多人将她的照片传到网络上去，很快这个"糖葫芦西施"就红遍了网络。

　　以上片段就是摘自某记者的采访新闻。从这段消息中，我们看到她的糖葫芦居然卖 3 元钱 1 串。所以，与其说她卖的是糖葫芦，不如说她"卖"的是自己的年轻美貌——当然她的这种行为是正当的。许多人从经济学的角度来分析，将其定义为"美女经济学"，也是"注意力经济学"的一种。

　　所谓注意力经济学，是指注意力也会成为一种可以吸引消费者来消费的激励机制。如果一个人能够有足够的注意力，那么他也能依靠注意力来创造一定的经济收益。而年轻貌美的女子当然是很有吸引人注意的优势，所以，康晓菡的糖葫芦才敢卖这么贵，并且生意还相当的好。经济学家高德哈巴认为，如果你有大量的注意力，你就是某种类型的明星。当今的明星一般都能赚大钱，网站也要用明星来吸引注意力。换句话说，现在金钱随着注意力而来。

　　而且注意力是双向流动的，一个重要的依据是，当你拥有一个人的注意力时你就有可能拥有其他更多人的注意力，以此来构筑经济就可以把注意力资源变为经济资源。看过《我是传奇》的人都知道，这是一部没有什么水准的制作片。电影公司不可能不知道，但是为什么他们还敢花这么多钱投拍，因为他们有一张王牌，那就是主演威尔·史密斯。威尔·史密斯是当今好莱坞人气最旺、最受欢迎的黑人明星。虽然他的演技并不被评论界肯定，但是他的影迷却非常多。因此，由他主演的电影当然就能吸引大量的观众。所以电影公司也就不怕这样一部没水准的电影不赚钱了。事实果然如他们所料，虽然整个电影都是他一个人在唱独角戏，但是却依然有比较良好的票房收入。这就是注意力经济学的合理运用。

据发表于《美国经济评论》上的调查称，人的相貌对人的收入有着一定的影响。调查者劳动经济学家丹尼尔·哈默迈什表示，那些有魅力的人下半生比相貌平常的人收入高5%，那些相貌平常的人比那些被认为比一般吸引力小的人收入高5%～10%。漂亮的外貌本身也是决定生产率和工资的内在能力。在任何一种要在公众面前露面的工作中，漂亮的外貌都比较占优势——例如表演、推销和服务业等等。在这种情况下，有魅力的员工对企业的价值要比没有魅力的大，因为他们能够为企业创造更多的收益。而企业也会反过来对他们进行激励，所以漂亮的人收入就会多一些。这就是为什么那些大制作的电影选择演员的时候要选择有魅力的男演员、漂亮的女演员。这就是为什么《我是传奇》这样一部没水准的电影还能票房数亿，也是为什么"糖葫芦西施"能够如此火暴的经济学原理。

但是，正如鲁迅的小说《故乡》中的豆腐西施在年轻时卖豆腐，年老时却为了一点儿小便宜而巴结鲁迅一样，漂亮是不能长久地带来经济收益的。因为人类的本性之一是喜新厌旧。那些漂亮的人如果没有其他的魅力，最终也会因为人们的审美疲劳而失去了其经济效益。当然这其中还有一个重要的原因，那就是漂亮会随着时间的推移而慢慢消逝。没有任何一个人在年老的时候还能保持漂亮，即使如奥黛丽·赫本在美人迟暮的60岁时，也已经失去了往昔的光彩。美貌能够带来经济效益，但是并不能长久。二十世纪八九十年代，众所周知的一些以美貌混迹演艺圈的女明星，如今大都已经退出了人们的视线。大部分原因并不是她们不愿意继续娱乐事业，而是因为年龄一大，美貌打折，已经不再有经济效益了，加上长江后浪推前浪，舞台上已经站满了年轻貌美的后来者。而还有一些人则是成功者，

从年轻到年老一直在舞台上活跃着，并且有的女演员越老越有魅力，这不是靠美貌，而是靠其演技来吸引人们的注意力，因此也就能够带来经济效益，也就能够继续在竞争激励的市场中占有一席之地，如归亚蕾、斯琴高娃、潘虹等等，这也是注意力经济学的一种。

总之，糖葫芦西施的糖葫芦能够卖得又贵又多是因为其具有"注意力经济学"效益，她能够成为草根明星，是因为她能够吸引人的注意力。但是从长期来看，这并不是一种很好的经济效益，因为人们会产生审美的"边际效用递减"，而如果从更长的时间来看，她的美貌会打折（当然对于她来说还有差不多十年的时间），也会失去注意力。同样，在从事推销、表演等等行业中的人，开始的时候的确能够比同行赚取更多的利益，但是时间久了之后，如果自己的个人能力不行，必然会被其他人所取代，毕竟美貌与能力是不相等的。所以说，美貌与年轻固然是一种资本，但是这种资本却是在不断贬值的，因为明天不一定会更好，但是明天一定会更老。

法律篇

FALÜPIAN

1

政府打击、百姓痛恨的"黄牛党"能不能彻底消失

提起倒票的"黄牛党"来，人人都恨得不行。政府也一直在对这种行为进行严厉的打击。可是"黄牛们"不但没有因此而退出市场，反而逆势而上，越来越多。黄牛到底能不能彻底消失呢？

2008年8月北京奥运会上，亚洲飞人刘翔的110米栏门票的原始价格是300元，但是想要所有的人都买到票是不可能的。因为刘翔的影响力如此巨大，所有的门票早已提前售罄。但是，在市场经济下，只要有钱没有买不到的东西。在奥运会场馆外，经常走动着一批批东张西望的人，他们就是传说中的"黄牛党"。据某报社记者假扮购票者暗访得知，刘翔决赛的门票已经炒到了9 000多元，比原价涨了30倍多。

然而，当刘翔在预赛中因脚伤宣布退赛之后，票价急速跳水，甚至以原价转让都无人问津。黄牛党们这次吃了大亏，而有的黄牛党则开始转到中国男篮门票的倒卖上去了。其实在大型体育赛事或者当红歌手演唱会，以及一些其他比较热闹的演出场馆外经常能看到这些黄牛。而对人们的生活影响最大的黄牛党则是春运期间火车票的倒卖者。

虽然《中华人民共和国刑法》第二百二十七条第二款明确规定："倒卖车票、船票，情节严重的，处三年以下有期徒刑、拘役或者管制，并处或者单处票证价额一倍以上五倍以下罚金。"但是"黄牛党"的存在是一个不争的事实。抛开一切道德准则与法律规定，从经济学意义上来说，"黄

牛党"的存在是有一定的经济原因的。

首先，我们要明确的是，之所以每年的春运、黄金周会出现一票难求的情形，其根本原因不在于黄牛党，而在于供求关系。比如每天有 1 万人要乘火车从北京到上海，而火车票总共只有 8 000 张，那么即使没有黄牛党，仍然会有 2 000 人买不到车票。从这个角度来看，黄牛党倒卖车票其实对个人提供了一些有益的帮助。比如，某天晚上一个人有急事要去上海出差，参加明天的商务活动，但是去上海的票已经售完了。后来他在车站门外遇到一个黄牛，他以高价从黄牛那里买到了去上海的卧铺票，结果就解决了他的这一问题。如果他今天晚上赶不上这趟列车，可能就参加不了明天的商务活动，损失将会非常大。因此，这种交易对双方都是有益的，是符合市场规律的。

也就是说，黄牛党的存在主要是由于供求关系的不平衡造成的。当供给小于需求时，根据市场经济的基本规律，票价必然会相应上涨。但是因为火车票价是固定的，在春运期间并不能上涨，不符合市场规律。火车票不涨价表面上体现了政府对公众，特别是弱势群体的关怀，得到了很多公众和媒体的赞扬。但是，从经济学上来考虑，这样做并不符合价值规律。由于春运运输资源的相对紧缺，客票价格上浮是很正常的，完全符合市场经济规律。通过价格浮动，控制客流、分散客流，正是价格杠杆的功能。从经济学的观点上看，价格的浮动是必要的，价格由供求决定，并顺应市场的变化，而不应由道德来决定。

正是由于票价不能上涨（或上涨幅度不大），而需求又绝对大于供给，所以价格浮动就有了很大的空间，这也给黄牛党们带来了机会。当然，黄牛党的火车票来源大都是通过一些不正当的渠道，因为铁路部门一直处于垄断地位，是行政化的铁路管理体系，这就使得内部工作人员有了寻租的可能，存在内部工作人员与"黄牛党"勾结的现象。再加上目前我国铁路的实际运营能力在春运期间明显不足，这就注定会让更多的有急切需求而

又不得不乘坐火车的人买不到票，转而只好求助于黄牛党，这也必然会加剧"黄牛党"的猖獗行为。

此外，人们之所以求助于黄牛党还有一个机会成本的问题。众所周知，春运期间如果自己去买票肯定要花费很多的时间，因为排队买票的人实在太多了。对于一个急需火车票，又不能花费太多时间去排队买票的人来说，他想要得到火车票的方式只有通过黄牛党的倒卖。对于这种人来说，他一天所赚到的钱可能比黄牛所抬高的价格还要多。因此对于他来说，放弃一天的工作去买票是不划算的，并且去排队买票并不一定能够买得自己需要的票。一张车票真正的价格是乘客为乘车付出的全部成本，这其中包括托人买票欠下的人情，包括半夜排队遭受的辛苦，也包括不慎买到假票和行车安全降低的风险。这些成本都是要支出的，而如果通过黄牛买票，或许可以将这些成本降低到最小。而且自己也会省下很多的时间，用来做其他的事情。

近几年，有关部门对春运买票难的问题高度重视。有人建议在春运期间让火车票随行情而涨跌。但是这并不能解决买票难的问题，因为供求关系的差别太大，即便涨价，也不可能解决这一问题。还有人建议实行火车票实名制，让公民在购买火车票和乘坐火车时，登记、核查个人的真实身份。这也不是从根本上解决问题的办法，因为票贩子为了获利，还会想出其他渠道倒票。制造假身份证、假票据，实名制同样起不了作用，而且这样无疑会加大个人乘车的成本与运输部门的管理成本。有的人也提出一种看似可行的办法——增加火车线路。这也是不可行的，因为增加火车线路势必会对整个铁路运输网产生影响，往往牵一发而动全身。并且铺设铁路是一种高投入的行为，只有长期运营才能收回成本。但是火车票只有在春运期间才会出现购票难的问题，增开的线路在平时也不会有太多的乘客，成本也就难以收回，极大地浪费了社会资源。总之，从目前来看，难以找到一个好的解决春运难题的办法。

虽然黄牛党的倒票行为是违法的，从经济学的角度来看，只要存在供需关系不平衡的现象，就会有黄牛的出现。一些有时间、有门路的人就会通过各种渠道来将大量的票弄到手，然后卖给需求者，从中赚取票价差价。所以说，虽然对黄牛党的打击一直在进行，并且越来越严厉，但是想要彻底根除，基本上是很难的！

2

为什么很多人愿意选择私了，而为什么有时候私了却不能达成目的呢

"大事化小，小事化了"是中国人的处事原则，不到万不得已，谁都不愿意把事情闹大，所以私了就成了人们处理纠纷的主要方式，可是有时候私了却不能达成私了的目的，不能使当事双方都满意，这是为什么呢？

当你在街上大声唱歌、随地扔垃圾、在公共场合抽烟时，你都会影响到他人。当然，唱歌的人目的不是为了影响别人，而是自己喜欢，扔垃圾的人也不是为了影响别人，而是为了自己的整洁，抽烟的人也不是为了给别人二手烟抽，而是因为自己有烟瘾。这些行为没有故意对他人进行不利影响的目的，可是却影响到了他人的权利。这就是负外部性。负外部性实际上就是侵犯了他人的权利。如果一个人的权利被侵犯了，当然他会进行维护，如果受到损害，他会索取赔偿，这就会涉及到法律诉讼。但是很多情况下，正如我们所知的，很多人并不会为此而大动干戈，不会闹上法庭，而是选择私了。为什么人们的自身权利受到侵犯或损害时宁愿选择私了呢？

众所周知，如果要闹上法庭是要花钱的，诉讼费、律师费、时间成本等等。有些官司的赔付金额甚至还没有请律师花的钱多。

2005年11月29日的《郑州时讯》报道，郑州市民兰先生将郑州公共交通总公司告上了法庭。起因缘于11月19日上午，兰先生乘坐K906空调公交车时，发现车上没有开空调，但是却收了两元的票钱。按照规定，不开空调时，只能收1元车费。当天晴间多云，郑州地区最高温度12℃至14℃，最低温度4℃左右。兰先生问："为啥不开空调？"司机回答说："水管没接上，天不太冷，还不到开空调的时候。""那为啥还收2元钱？""这是公司规定的。""我既然掏了2元钱，你的空调公交车不开空调，这属于违约行为。"为此，郑州市民兰先生将郑州市公共交通总公司告了，要求该公司退还多收的1元"空调费"以及因此事而多花的5元交通费。11月28日，郑州金水区人民法院正式受理此案。

同样的事情还有，2009年11月9日上午，天津市民马先生将"中华第一猛男"侯耀华诉至和平区人民法院，以侯耀华曾代言两种产品违法为由，要求销售产品的商场和侯耀华赔偿并向所有消费者道歉，法院已正式为该市民立案。据悉，马先生购买的由侯耀华代言的角燕G蛋白胶囊和黄金九号，这两种商品都在中国广告协会公布的侯耀华代言的十则违法广告之列。马先生说，想起电视上著名表演艺术家侯耀华在广告中介绍的该产品的种种功能和好处，出于对他的信任，于是毫不犹豫地购买该产品赠送朋友，还购买了侯耀华代言的另外一种商品"黄金九号"，送给家里有高血压的老人服用。

马先生说，几天前，中国广告协会宣布侯耀华代言的10条电视广告均属违法，其中就有自己购买的角燕G蛋白胶囊和黄金九号，他的利益受到了侵害。他要求商场退还购货款195元，并向商场另索赔3.15元。同时，他还在起诉书中要求侯耀华承担连带责任并向消费者道歉。

以上这几个案件无论胜败，从经济学的角度来说都是亏本的。因为胜

诉之后的诉讼费虽然由被告承担，但是自己的律师费、误工费等等的付出却超过了官司胜诉之后的赔偿。当然兰先生和马先生打官司并不是为了获得赔偿，而是为了讨回一个公道。但是大多数人并不愿意打官司，而是愿意私了。这并不是说他们不想讨回公道，而是因为他们讨回公道的目的更主要的是希望得到权利被损害的赔偿。而如果提起诉讼，胜诉了还要付律师费，自己也会有误工费，付出的成本大于收益。从经济学上来说，这种人与人之间关系的成本付出叫做交易成本。所谓交易成本是指在一定的社会关系中，人们自愿交往、彼此合作，达成交易所支付的成本，也就是人与人之间的关系成本。从本质上说，只要有人类交往互换活动，就会有交易成本。从经济学的角度分析，人都是理性的，打官司也是为了维护自己的利益，如果官司打赢了，自己的利益却受到了损害，那还不如不打，而是选择私了。正如提出交易成本概论的经济学家所说的那样：私人经济主体可以解决他们之间的问题。无论最初的权利如何分配，有关各方面总能达成一种协议，在这种协议中，每个人的状况都可以变好，而且结果是有效率的。这也是为什么很多人都会选择私了，而为何法庭都会询问纠纷双方是否愿意进行庭外和解的原因。

当然，私人解决方法并不是完全奏效。比如在北京某高档社区居住的周某因为养狗而得到了600元的收益（假设养狗可以使他得到可以用金钱来衡量的好处），但是他的狗总是乱叫，使他的外国邻居吉米承受了800元的成本。在这种情况下，如果吉米能够给周某700元的话，周某就会放弃养狗，两个人都会受益。但是因为吉米不会讲中文，而周某的英文也很差，两人无法进行沟通。如果要解决这个问题，两个人中必有一人得雇一个翻译。但是请翻译最少的费用也得300元，两个人要付出的这部分交易成本高于各自所能接受的范围。所以，两个人就无法进行私了，也就是说，周某养狗这种对两人都不利的事情将继续存在。当然私人协商无效时，政府有时可以起作用。例如政府对养狗已经制定了相关规定。《北京市严格限制

养犬规定》中严格规定北京市普通市民养狗必须向公安机关登记，重点限养区（市区）第一年登记费 5 000 元，以后每年注册费 2 000 元。另外，对于家养宠物狗的数量、身高、防疫、系链、出入公共场所等都有一系列的规定。

当成本大于收益时，从理性人的角度分析，人们都会选择私了，而不是通过法律或者其他的手段解决问题。而有时私了并不能让双方都收益是因为在私了的过程中需要支付的费用比双方得到的收益大。总之，因为负外部性，人与人之间会产生一些纠纷，为了解决这些纠纷，人们要付出一定的交易成本。

3

应该为应届大学毕业生就业规定最低工资吗

大学生找工作难，找到工作的大学生又难有高工资。很多人就呼吁有关部门为应届大学生就业规定最低工资，以此来保护大学生的经济权益。可是这种做法却得到了经济学家的一致反对。经济学家反对的依据是什么呢？

2009 年的广州《新快报》报道了一则消息：某企业的人力资源主管去招聘，没想到应聘的大学毕业生开出了极低的条件，主管听得心酸，当场落泪。此则消息说的是一名大专生自报薪酬仅 1 000 元，招聘主管为此落泪，认为对大学生薪金的打压，看似是谋取了一时之利，实则伤害了社会的自尊，伤害了科学兴国之义，自毁了企业发展的前景。这则消息在小范围内引起了反响。有人认为，政府为职工制定最低工资法，是为了保障职工的基本权益不受侵犯。如今大学生的工资水平与他们所拥有的知识与技能和他们为获得知识所付出的代价不相称，有必要制定大学生最低工资法。

而另一则消息称：2007 年 8 月，美国参议院否决了一项提升最低工资法的法案。这一法案还引起了美国共和党与民主党的又一次争论。提出法案的民主党认为最低工资早就应该提高了，他们提出这一法案的目的在于保护低薪工人的权益。但是否决了此法案的共和党人则说，提高最低工资最终可能会打击那些民主党说需要帮助的低工资人士。乔治亚州共和党参议员伊萨克森说："每次提升最低工资，都导致了这些人中的一些人失去工作。"

众所周知，对于同一件事，不同的经济学家会持不同的意见，甚至是相反的意见。所以才有人取笑说，经济学家是唯一可以两个人持相反意见却能共享诺贝尔奖的职业。但是经济学家也有达成共识的时候，至少他们一致认为最低工资法增加了年轻人和不熟练工人中的失业率，也就是乔治亚州议员所说的"提升最低工资"导致一些人失去工作。那么为什么旨在保护工人的最低工资法却导致了他们的情况更恶劣呢？

很多人认为，福利来自于完善的规定和法律。每当想到要提高生活水平，就是要让政府规定，甚至立法，让最低生活水平有保障。但是从经济学上来说，人们的工资是由其生产力水平和社会中的劳动力供求状况决定的。市场的供需是劳动力价格的唯一决定因素，也就是说，最低工资不是用法规来硬性规定的，而是由市场的供给与需求来决定的。

"最低工资法"是最典型的法定福利。制定这种法规的本意是好的，但是这种硬性规定却使低薪工人失业，低薪求职者再也找不到工作。我们知道，并不是所有的工人技术水平都在平均水平之上，尤其是一些年轻人，刚进入劳动力市场，甚至根本没有技术与经验。而如果这时规定了最低工资，公司在招聘工人时的成本就会增加，这就使得他们首先必然会选择熟

练工人，而不会去选择生手。在这种情况下，年轻人和不熟练的工人就会失业。

尽管最低工资法普遍得到了各国政府的青睐，但是最低工资法的失败却是显而易见的。经济学家斯蒂格勒在1946年发表的《最低工资立法经济学》认为：为减轻贫困而制定的这种政策，不仅对减轻贫困起不了作用，而且还扭曲了资源配置。之后，越来越多的经济学家相信，最低工资法是政府人为干预劳动市场的一种方式，如果人为规定的最低工资高于劳动力市场上的均衡工资，就会减少对劳动力的需求，结果反而会导致失业人数的增加。

此外，最低工资法的弊端还包括：许多事实上拿最低工资的工人，如学徒工、临时工、兼职工人、家庭仆人等未被包括在最低工资法内；企业执行最低工资法在实践中也是个难题；还会鼓励资本替代劳动（企业会更有积极性采用节省劳动的新技术，比如用洗碗机替代洗碗工）；还可能会导致就业中的种族歧视或性别歧视。从经济学的角度来考虑，最低工资法是一种妨碍市场机制自发运转的行为，是违背市场经济的发展规律的。

而目前在金融危机的影响下，大学生的就业问题成为一个更加严重的问题。据称2009年全国普通高校毕业生将达到611万人，再加上历年来没有成功就业的400万左右的大学生，一共将有1 000万大学生加入到求职大军中来。从供需关系上来讲，毕业大学生所造成的劳动力供给必然会大于短期的需求。在供大于需的情况下，根据市场的调节规律，大学毕业生的劳动力价格必然会下降，因为大学生不仅是年轻人，也属于没有工作经验的一族。他们想要立足再谋求发展，就只能降低要求。大专院校毕业生本来就是知识型人才中比较底层的一个阶层，当然也就更不敢对自己的身价抬得很高。在广州出现薪资期望值1 000元的事情也不是不可能的，并且是一种较为理智的选择，至少要比给自己定很高的工资期望值却一直不能就业强很多。

本文开头的招聘主管对此感到惊讶并因此落泪，是从道德层面来看待这种现象的行为。而一些人因此便呼吁政府为大学生就业规定最低工资法的作法则是不理智的。如果政府颁布了这样的法令，则不仅不能帮助大学生就业，相反的，可能会使他们更难以找到一份可以安身立命的工作。

4

中国股市是资本市场还是比赌场还要差的"赌场"

著名经济学家吴敬琏认为："中国的股市很像一个赌场，而且很不规范。赌场里面也有规矩，比如你不能看别人的牌。而我们的股市里，有些人可以看别人的牌，可以作弊，可以搞诈骗。"中国股市真的如他所说的这么混乱不堪吗？

2009年7月，香港电影《窃听风云》在各大影院上映之后，受到了观众的热捧，在业界的评价也很好。这部影片主要讲述了下面一个故事：

香港商业罪案调查科怀疑风华国际的大股东马志华跟几宗内幕交易以及造市案有关，所以命令刑事情报科主管李光带领小组对其进行24小时的监管。窃听小组的主管梁俊义督察与警员杨真、林一祥潜入风华国际办公大楼巧妙地布置了各种偷听及监听仪器，开始对风华国际进行监控。在一次行动中，杨真偶然得知风华国际的股东计划炒高公司股价的消息。当时杨真儿子的手术需要一大笔钱，而他自己也患了肝癌，林一祥也急需用钱，所以二人决定炒股赚钱。梁俊义得知这个消息后，看在这两个曾经与他出生入死的好友分上，答应他们对上司隐瞒了这个消息。后来，三人赚了一

大笔钱，暂时由梁俊义保管。不久，林一祥和杨真的全家却遭到杀手的追杀。梁俊义则用1 500万收买了杀手，将性命保留了下来。

一年以后，当马志华在一个慈善晚会演讲时，屏幕上突然显示了他幕后交易的录像画面。马志华当场被警方逮捕，他坚持坐自己的车跟随警方回警察局。在路上，马志华的车子突然驶进了岔路口，驶上了正在修建的跨海铁路桥。原来司机是大难不死的杨真，他想亲手杀死马志华。杨真将车子飞快地驶出桥梁坠入了海中，两人同归于尽了。梁俊义因玩忽职守而被停职。

这部电影中的几乎所有人都没有好下场。其中一个配角中的某老太太也去炒股，天天烧香拜佛，求菩萨保佑她买的股票上涨，并且还去抽签算卦。她买风华国际股票是因为菩萨让她买的，菩萨告诉她股票会涨，结果却跌了，虽然后来又涨了，但是接着又跌下来了，她没有卖，把养老的钱全部赔光了，最后就自杀了。

在看这部电影时，很多人可能都会嘲笑老太太的迷信，但是实际上，在中国股市中，这种迷信的股民是很多的。很多股民去请神弄鬼、拜菩萨，或者干脆看股票代码中有没有"5"、"1"、"6"、"8"、"9"这些数字，以此来决定股票的投资。人们都是抱着一种赌徒的心理来炒股，把股票市场当成了一个大赌场。股市真的是一个大赌场吗？

股市是最主要的资本化途径之一，它通过把上市公司的资产以及未来收入证券化，使一国的资本供给大大增加。股票市场交易的是金融契约，是根据对未来收入的预期来定价的。通俗地说，股票市场中的上市公司是以其实质上的公司资金与发展为基础的。股票的交易价格是由这些公司股票的供求状况决定的。由于股票代表公司的所有权，所以股票的需求及价格反映了人们对公司未来赢利性的预期。当人们对一个公司的未来乐观时，他们就增加了对其股票的需求，从而使股票的价格上升；相反，当人们预期一个公司赢利很少，甚至会亏损时，其股票价格就会下降。由此可见，

股票的价格除了受供需的影响之外，主要是由其发展前景来决定的。而其发展前景又会影响供需。所以说，买卖股票主要以上市公司的实质资本总额与公司的发展前景为依据。

但是在中国股票市场上，由于对未来的预期难以确定，出现了股票是一个世界，股票背后的上市公司则是另一个世界，互相间没有关系的现象。股票跟其上市公司的实际情况脱离了关系，人们对股票价格的估计不是以其代表的公司情况为依据，而是一味地"博傻"，真的把股市当成了一个赌场。

中国股票市场因为发展得比较晚，1984 年新中国发行了第一只股票，在 1990 年才于上海、深圳两地成立了证券交易所，股市开始发展起来。但是，一个正常的股票市场是以完善的法律制度为前提的。中国并没有及时地制定机关的法律法规，致使许多上市公司造假上市，许多大股东操纵股市，最有名的就是 2009 年的五粮液造假案。

2009 年 9 月 23 日，证监会有关部门负责人通报了对五粮液案调查的进展：经初步调查，现已发现五粮液涉嫌存在三项违法违规行为，分别是未按规定披露重大证券投资行为及较大投资损失，并导致财务报表虚假记载；未如实披露重大证券投资损失，而涉嫌虚增利润；披露的主营业务收入数据存在差距。证监会有关部门负责人表示，五粮液的行为，涉嫌违反了《证券法》第六十三条：发行人、上市公司依法披露的信息，必须真实、准确、完整，不得有虚假记载、误导性陈述或者重大遗漏的规定。

这家标志型国有企业几乎犯了上市公司公司治理与企业管理的所有大忌。五粮液控股子公司向五粮液集团借款 8 000 万元，由亚洲证券委托理财，最后亏损 5 500 万元；2000 年～2002 年，五粮液以关联公司名义投入2 000万元进行证券投资，最后形成 520 万元投资损失；此外，2000 年～2005 年，五粮液投资 1.3 亿元委托中科证券理财，2007 年中科证券破产后，五粮液申报债权，2008 年收回中科证券破产财产分配资金 458.81 万元。但公司不仅未在财务报表中向投资者公开信息，反而虚增利润，在证

监会介入调查后一再表明问题不大，给深套其中的普通投资者造成了数十亿元人民币的惨重损失，同时给予自己的信用以致命的最后一击。

据媒体披露，从 2001 年直到 2004 年，五粮液控股公司通过在成都证券的账户疯狂自炒，除了申购新股之外均是五粮液自己的股票。数次大举买入的时机均与五粮液的利润分配方案推出时间相吻合，涉嫌操纵股价和内幕交易。上市公司操纵股价对资本市场公平原则进行了颠覆性的破坏，使市场秩序荡然无存。

但是对诸如此类的违规行为，并没有得到应有的惩罚。虽然在股票市场出现十年之后的 1994 年，中国颁布了《公司法》，该法规定了股东的权利，其中包括股东有权对因虚假陈述、操纵市场等行为造成的损失主张经济赔偿，但是这些相关规定却是十分模糊的。直到 1999 年，才有上海股东对红光实业的证券诈骗造成的损害提起诉讼，但是上海法院在好几个月的时间内都没有答复，并且在 2000 年年初表示不受理此案。在 1999 年 7 月 1 日，中国证监会颁布了《中华人民共和国证券法》，中国正式有了管理股票市场的相关法律。一些相关违规事件提起诉讼的人也越来越多，但是那些应对误导或者欺骗投资者承担责任的管理者和中间人个人并没有受到应有的处罚，而且处罚的金额也都当做经济损失上缴给国库，而不是分给受到损失的股东。而一些上市公司弄虚做假的处罚力度也极低，最多的不超过 100 万元。这也从另一方面激励了一些公司通过造假上市，甚至空壳上市。

在这种情况下，中国股市就只能是一个赌场了。著名经济学家吴敬琏甚至认为："中国的股市很像一个赌场，而且很不规范。赌场里面也有规矩，比如你不能看别人的牌。而我们的股市里，有些人可以看别人的牌，可以作弊，可以搞诈骗。坐庄、炒作、操纵股价可说是登峰造极。"中国股民在面对这些情况的时候，就难以再像面对正常股市一样，通过对上市公司背后的实业公司资产的评估以及对其未来发展前景的评价来进行股票的交易，而只能求助于神仙鬼怪，而很多人套牢也就不奇怪了。

5

为什么创业者最忌讳与人合伙

一般情况下，初次创业的人都是没有足够的资金的，但是一旦自己发现了商机就不能错过，因为机会不等人，所以很多人就会去找人合伙，一起创业，可是共同创业的大都遭到了失败，所以很多人就认为创业最忌讳与人合伙，到底为什么不能合伙创业呢？

有一个故事讲道：几个都十分诚实的商人合资开了一个店铺，赚了许多钱财之后，他们决定要去做别的生意，于是就停业分钱分物。结果他们为钱为物吵得一塌糊涂。这时他们的房子着火了，可是他们仍在为钱争论。最后全部货物都被烧没了，连同他们也在屋子里被活活烧死。作者感叹说："当发生更为重大的事情时，大家全遭不幸的原因往往是：不是团结一致去对付共同的灾难，而是每个人都去争自己的利益。"

1995 年 7 月 20 日，胡志标与他的儿时玩伴陈天南合伙在中山市东升镇益隆村成立了广东爱多电器有限公司。他和陈天南各占 45％ 的股份，另外 10％ 的股份由中山市东升镇益隆村以土地入股获得。据说胡志标和陈天南当时各入股公司的本金只有 2000 元。胡志标也没想到，几年之后爱多 DVD 成为行业老大，仅 1997 年在 CCTV 的广告投入就达 2.1 亿元。爱多公司另一位与胡志标并列的大股东陈天南，从来不过问公司的事，却以 2000 元的出资，每年坐享其成，获得爱多 45％ 的红利，这使胡志标心理很不平衡。

因此胡志标先是指使总经理助理封锁财务，不让陈天南查账，又在中山成立了几家由自己担任大股东的公司。这些公司与广东爱多电器公司毫无关系，却盗用"爱多"的招牌，注册资金也是从广东爱多电器公司挪用的。

陈天南得知后，立即发"律师声明"，后又与益隆村联合，于1999年4月，将胡志标从广东爱多电器公司董事长和总经理的职位上赶走。之后虽然因为经营不善和迫于经销商的强大压力又将胡志标扶上马，但是却坏了爱多的声誉，伤了经销商的信心，还有一系列的原因，最终导致了爱多的衰落。虽然学者对爱多DVD的衰落原因看法不同，但是其分红问题导致的不良后果是不可否认的。

根据现代经济学的解释，若干人共同创业，是共同拥有和共同经营的，他们的权利是平等的。合伙制企业在法律上是无限责任制，即每一个合伙人都要对企业承担全部责任。如果一个合伙制企业破产欠债，即使最后只剩一个合伙人，这个人也要承担全部责任。因此，在合伙制内部，每个人的产权并不明晰，是一种不分你我的共有关系。在企业建立之初，大家齐心协力为企业的生存与发展而奋斗，相互之间的矛盾并不突出。但当企业发展到一定阶段，由于产权不明晰，必然会引发一系列问题。

首先是利益分配问题，也就是分红问题。企业分配的原则应该是看其贡献大小。而个人贡献又是分两个方面。一是个人业绩的贡献，二是个人资金的贡献。个人业绩主要是看个人对公司的发展作出的贡献，但是因为创业合伙的企业在开始一般都没有一定的公司结构，无法衡量个人的业绩贡献。而资金贡献则是根据个人在合伙之时所出的资金占股份多少而定。这对之后的分红起着很大的决定作用。

像爱多这样的企业，虽然股东在财产上很明晰，但是内部没有严格的管理机制，给胡志标提供了私自随意挪动资产的机会，最后引发了股东之间的矛盾，结果导致了企业的破产失败。在合作股份制企业中，想要不出现这种问题一定要实现股权相对集中，也就是说，要有获得最大利益、有最大责任和决定权的大股东。只有大股东与企业密切相关，会作为所有者关心企业，只有能够对企业的经营有决定权的股东才能处理好企业的事务，才能保证企业的正常发展。

在"分红"的寓言故事中，就是缺乏这样一个大股东。而在爱多公司中，这样的事情也同样存在，所以他们最后都失败了。因此，很多人不愿意合伙创业，因为企业必然会面临这样的问题。当然，如果实在没有资金，只能与人合作，但是一定要事先将产权问题分清楚，免得之后出现"分红"问题，利润分配不均还算小事，企业因此而导致失败就是一件大事了。

此外，合伙创业还要懂得选择正确的合伙人，一般情况下，以下五类人是坚决不能与人合伙的：

（1）万年打工仔。习惯为别人工作的人喜欢按时领取工资，享受医疗保险，每天晚上7点准时回家和家人共进晚餐，无法独自经营企业。而且如果投资计划无法立刻产生效益，这种人就会退出，因为他不喜欢风险，无法贡献同等时间、精力和资金。

（2）完美主义者。完美主义者往往对事情的要求过高，连一份通知的句点都要亲自过目。这样就会把过多的精力用在小事上，结果会因小失大。在创业期间，这种人往往是会坏事的。因此，坚决不能选择与这种人创业。

（3）亲朋好友。亲朋好友往往以为自己对你非常了解，所以就会以他自己的角度来给你出一系列建议，认为你应当如何如何。创业期间是需要一定的独裁专制的，而他们绝对不允许你大胆地做出一些超前的举动，还美其名曰"我是为你好"。

（4）自以为永远正确者。自以为永远正确者喜欢告诉你，他永远不会错。他最喜欢的口头语是"听我的，准没错"。他很少跟别人讨论自己的决策制定过程，因为他觉得这样显示不出自己的水平。他喜欢贬低持反对意见的合伙人，背着他们作出决策。最要命的是，自以为永远正确者制定的计划失败后，永远只会怪别人，认为他自己没有任何责任。

（5）梦想家。你会经常听到这种人对你说："等到我们发财那天……"而不见他去脚踏实地地做有用的事。未来的财富要靠多年坚持不懈的辛勤工作去换取，而不是靠东一榔头西一耙子地做白日梦。合伙人应该有积极乐观的性格，而脚踏实地和专心致志也一样重要。

总之在创业的时候，最好不要与人合伙，而如果自己的条件不够，必须要与他人进行合作时，也一定要在之前就将产权明晰化，不要等到出现问题之后，再去争夺产权，因为到那时恐怕已经为时太晚了。